LO QUE SE COMENTA ACERCA DE *CRISIS Y OPORTUNIDADES,* Y EFRÉN RUIZ

"En Dios nunca perderás, siempre ganarás" es una de las frases de este libro que me hizo estremecer, y en la vida de mi amigo Efrén es toda una realidad de vida, comprobada y modelada por él todos los días. Conozco al autor, su liderazgo, su fe y su manera de enfrentar desafíos y ganarlos; me inspira, lo que me hace decirte que mientras leas este libro, le creas. Tener en mis manos este texto es como una joya convertida en letras que formulan palabras, cuyo valor estremece el alma para llevarnos a vivir otro nivel de fe y experimentar algo que nunca hayamos imaginado. Este libro te llevará a vivir cosas fuera de serie, a pesar de los procesos rudos. Después de leerlo, tu fe, tu mente y tu vida entera jamás serán lo mismo.

Con cariño y respeto,
Gustavo Falcón
Comunicador, autor, fundador y líder
El Bar Iglesia, Monterrey

El pastor Efrén Ruiz no solo es un gran amigo, sino también una de las voces que Dios está levantando en nuestra generación. Su vida, su mensaje y su ministerio están trascendiendo las fronteras de su iglesia y su país. Estoy convencido de que su primer libro no podría haber llegado en mejor momento, ya que para nadie es un secreto que estamos viviendo tiempos de crisis.

Sin embargo, a través de estas páginas, de una manera brillante, Efrén nos enseña que para cada crisis, hay una puerta de salida hacia la esperanza. Después del viaje de treinta jornadas por las que te llevará este libro, estoy seguro de que vas a ser animado, inspirado y desafiado a enfrentar cada circunstancia de tu vida con un mayor nivel de fe, valor y optimismo.

Sergio Hornung
Pastor principal
Iglesia Agua Viva
Lima, Perú

Vejez no es sinónimo de sabiduría. Conozco muchas personas mayores que a pesar de todo lo vivido, repiten los mismos patrones de ignorancia hasta el último suspiro. Sabiduría es el resultado de muchos factores, como buena educación, buenos mentores, experiencias y, sobre todo, una buena relación con Dios. Efrén Ruiz cumple con todos estos requisitos y muchos más. Este libro es una compilación de grandes enseñanzas de un joven que en poco tiempo ha vivido mucho y ha sido capaz de impactar con su ejemplo. La sabiduría en este ejemplar te ayudará a avanzar en tu vida, a minimizar los errores y a alcanzar tu máximo potencial. Cada capítulo te ayudará a tener un mejor panorama de la vida y de los principios que la gobiernan, para que cada decisión que tomes sea la acertada.

Otoniel Font
Pastor
Iglesia Fuente de Agua Viva
Puerto Rico y Orlando, Florida

Abrir el corazón y revelar las historias que han marcado nuestra vida nunca es sencillo. Quienes lo hacen, demuestran un gran sentido de humanidad y amor por la gente, se identifican con las necesidades de los demás y buscan una manera de aportar con soluciones a los conflictos que se generan en la mente y el corazón. En este libro, el pastor Efrén Ruiz Arregui hace precisamente eso. Nos cuenta cómo a través de sus experiencias ha logrado comprender el propósito de Dios para su vida y su familia. Nos invita a reflexionar en aspectos tan valiosos como la forma en la cual reaccionamos ante la adversidad, los desafíos para vencer la mediocridad y la manera correcta de administrar dones y talentos para alcanzar grandes victorias por medio de la fe. Estoy convencido de que al terminar de leer este libro, verás tu vida con muchos más colores.

Carlos Villacrés
Pastor
Iglesia Casa de Fe
Guayaquil, Ecuador

Conocí a mis amigos Efrén y Michelle Ruiz en una actividad de la Iglesia RÍO Poderoso en Ciudad de México. Recuerdo que esa noche, adorábamos a Jesús, estábamos envueltos en una atmósfera muy poderosa de libertad, gozo, alegría. Desde ese día los que conformamos el Ministerio *Miel San Marcos* fuimos marcados e impactados por la pasión y devoción de nuestros amigos. Efrén es un soñador, y hoy me uno a esta alegría, la de ver uno de esos sueños cumplidos en este libro. Estoy convencido que todo el que lea cada capítulo, cada pensamiento, cada palabra, será bendecido, impactado y desafiado a seguir avanzando hacia lo mejor en esta vida. Gracias, Efrén, por nunca darte por vencido y por contarle al mundo entero que «En Dios nunca perdemos, siempre ganamos».

Josh Morales
Vocalista
Miel San Marcos

Uno de los grandes tesoros de servirle a Dios es conocer gente que marca tu vida; algunas de ellas son por momentos y otras permanentes. A estas últimas son las que uno llama amigos. Efrén Ruiz, Jr. es uno de ellos. Es un amigo que inspira, anima y motiva con sus acciones y decisiones; un hombre soñador que ama su nación, su familia y su iglesia. Sé que en este libro encontrarás la fuerza, la pasión y el coraje para luchar por tus sueños, ya que lo que leerás viene de un corazón con estas características. Gracias, amigo, por sacar una parte de tu corazón y compartirlo con todos nosotros en este libro, que marcará y bendecirá la vida de miles de personas.

Iván Vindas Córdoba
Pastor
Iglesia Visión de Impacto
San José de Costa Rica

CRISIS y OPORTUNIDADES

CRISIS y OPORTUNIDADES

PUERTAS INVISIBLES EN MOMENTOS INCREÍBLES

EFRÉN RUIZ

WHITAKER
HOUSE
Español

Editado por: Ofelia Pérez

CRISIS Y OPORTUNIDADES
Puertas invisibles en momentos increíbles

ISBN: 978-1-64123-678-2
e-book ISBN: 978-1-64123-679-9
Impreso en los Estados Unidos de América
© 2021 por Efrén Ruiz

Whitaker House
1030 Hunt Valley Circle
New Kensington, PA 15068
www.whitakerhouse.com

Por favor, envíe sugerencias sobre este libro a: comentarios@whitakerhouse.com.

2 3 4 5 6 7 8 9 10 11 12 ᵂᴴ 28 27 26 25 24 23 22 21

DEDICATORIA

Al que me ha inspirado y ha sido mi mejor amigo: *Dios*.

A mi esposa Michelle, mis hijos Hannah e Ian, que han sido el motor de mi vida.

A mis padres, quienes han sido mis grandes maestros.

A toda mi familia, que siempre me ha respaldado.

A nuestra querida iglesia RÍO, por su fidelidad, fuerza y amor.

Y en especial, *este libro es para mi mejor amigo,* quien hoy está en un lugar mejor. Pablito, con mucho cariño te lo dedico. Estuviste muchas veces a mi lado mientras escribía. Te quiero, amigo del alma.

CONTENIDO

INTRODUCCIÓN

El deseo de escribir este libro surgió durante un desayuno que tuve con mi gran amigo, Gustavo Falcón, en el que platicábamos acerca de plasmar y preservar mi esencia y corazón en una obra literaria y que trascendiera a otros. Recuerdo sus palabras: "Efrén, tu mensaje es diferente, por un lado, invitas a la reflexión, y por otro, desafías a las personas, sería una gran combinación a través de un libro". Pasaron los meses y empecé a desarrollar algunas ideas. Pero hubo un acontecimiento muy fuerte que me permitió, finalmente, darle ritmo y forma a estas páginas: perder a mi mejor amigo, algo que fue muy doloroso para mí, pero al mismo tiempo me hizo aprender cosas únicas y valiosas para la vida.

Esta es la razón del primer capítulo, "La pérdida". Mientras escribía, pude sentir empatía con tantas personas que han perdido a alguien en su vida —y precisamente con aquellas durante la pandemia de la COVID-19—; este sentir me hizo saber que compartir mis crisis y proponer puertas de salida a través de este libro, serviría como un recurso para que muchos salgan adelante de las vicisitudes, obstáculos, retos, crisis y problemas que se enfrentan en este tiempo.

La pandemia no fue fácil para nadie, ha provocado una severa crisis sanitaria, así como crisis social, crisis familiar, crisis económica y crisis política. Con este panorama en todos los frentes, el mundo ya no será igual, ¿te sientes listo para enfrentar los nuevos desafíos? Quiero que este libro sea la puerta para que puedas encontrar salidas prácticas a tus crisis, para fortalecerte y recuperarte después de los fuertes acontecimientos mundiales que vivimos.

Crisis y oportunidades, como título, surge porque estoy convencido de que por cada problema que enfrentamos hay una solución. Cada capítulo plantea una crisis, y a través de diferentes experiencias personales y aplicación de principios y frases de sabiduría, te propongo puertas hacia caminos diferentes; todo de modo tal que puedas identificarte conmigo, con lo que he vivido y que hoy quizá te está afectando.

La sección al final de cada capítulo, y que lleva por nombre "Entre cauces", te ayudará a abrir tus propias puertas para solucionar asuntos del pasado, del presente, o para plantearte un futuro en específico. Con este libro no busco darte soluciones rápidas, sino que te invito a hacer una introspección durante treinta días, para que cuanto antes tomes cartas en los asuntos que exigen respuesta.

He procurado una obra fácil de leer, sin dejar de ser profunda en la reflexión. Está diseñado justamente para que durante un mes leas y actúes. Encontrarás momentos duros, pero también alegres de mi vida, frases desafiantes, experiencias tristes y de felicidad; conocerás un poco más de mí, de la gente que me rodea, anécdotas únicas. ¡Te invito a que disfrutes tu lectura!

Al final de cada capítulo, el apartado «Entre cauces» úsalo como una puerta hacia nuevas consideraciones sobre las crisis que planteo. Este es un espacio para ti, ¡aprovéchalo! Te sanará, te enfocará y fortalecerá. Esos cauces son maneras de asumir otros enfoques que abrirán otros caminos por andar en tu vida.

Así como un río tiene cauces que lo llevan a un destino, así pretendo que sea cada capítulo para ti. Espero que al final todo confluya en una nueva ruta de vida y propósito.

¡Adelante!

Efrén Ruiz
México, 2021

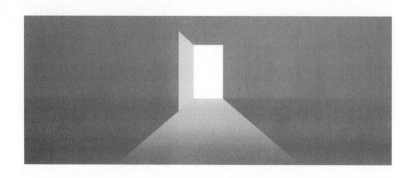

"EN DIOS NUNCA PERDERÁS,

SIEMPRE GANARÁS."

Día 1

LA PÉRDIDA

CARTA A MI AMIGO

...el alma de Jonatán quedó ligada con la de David,
y lo amó Jonatán como a sí mismo.
—1 Samuel 18:1

Michelle y yo nos encontrábamos festejando nuestro séptimo aniversario de bodas. Un viaje que no planeamos con mucho tiempo, pero con una sola semana de organización logramos irnos. Todo parecía a pedir de boca: montañas, nieve, café, pláticas románticas, películas, amigos. Pero jamás nos imaginamos que ese viaje terminaría en una de las noches más tristes de nuestras vidas.

Pablo y yo nos conocimos cuando éramos adolescentes, él solía llevar un auto antiguo, pero grande, en el que nos íbamos todos a las reuniones de jóvenes de la iglesia RÍO Poderoso. Era un tipo muy bromista, alegre y soñador; a los pocos años empezaríamos una amistad muy fuerte. Mi esposa, mi mejor amiga y consejera, sabe mejor que nadie el valor que para mí tiene un amigo. Juntos nos hemos allegado de verdaderos amigos que apreciamos.

Las subidas y bajadas de las montañas de la vida lo hacen a uno valorar a los amigos, pues pocos saben en cada pico o valle cómo te sientes ante la escalada. Pablo, mi amigo y cuñado, era uno de ellos, él podía sentir y ver lo que yo estaba viviendo, soñando; era un hombre leal, cuidaba nuestras espaldas y respaldaba al cien por ciento nuestros sueños.

VIERNES, 11 DE ENERO DE 2020

Michelle y yo llevábamos dos días de viaje, cuando nos llegó un mensaje vía *WhatsApp* al grupo de nuestra familia, en donde nos informaban que Pablo estaba muy grave, que le habían detectado una falla grande en su corazón. De inmediato nos regresamos al día siguiente a México. Fue uno de los vuelos más largos. Por fin llegamos, y Pablo ya se encontraba en el hospital. Los doctores no le daban mucha esperanza de vida ya que toda su aorta estaba destrozada; de hecho —nos dijeron— era un milagro que estuviera vivo.

DOMINGO, 13 DE ENERO

Tuve la fortuna de visitarlo al día siguiente en el hospital. Platicamos unos cuantos minutos porque debía ser trasladado al sitio donde le harían la operación. Cientos de iglesias nos pusimos en oración por él, nunca dejamos de creer que Dios podía sanarlo (esa siempre será nuestra fe). La operación se pospuso de lunes a miércoles porque tenía una pequeña infección en la garganta.

MARTES, 15 DE ENERO

Logré visitar a Pablo una vez más, platicamos cerca de una hora; físicamente se veía muy bien, pero sabíamos que la operación era muy delicada. Por tanto, oramos juntos; hablamos también del futuro, luego me despedí. Y fue la última vez que lo vi.

Aún sigo llorando su partida. Ha sido la pérdida más fuerte que he tenido en mi vida. No habrá nadie más que pueda ocupar ese lugar que tenía Pablo en mi corazón.

Los últimos minutos de vida que él tuvo en esta tierra pude pasarlos a su lado. Me tocó profundamente verlo morir en aquella cama, no aguantó la operación, sus tejidos estaban muy dañados, luchó demasiado —así era él—, por momentos pensamos que sobreviviría, pero el plan de Dios era otro. Para el homenaje que le hicimos, decidí escribirle una carta que resume lo que él fue para mí, y quiero compartírtela.

Nos conocimos desde que éramos adolescentes, bueno, tú eras un poco más grandecito que yo.

Juntos hicimos algunas travesuras.

Juntos fuimos a muchos campamentos, viajes, excursiones, conferencias, congresos.

Juntos realizamos la primera campaña política.

Juntos remodelamos esta iglesia (RÍO Poderoso); por cierto, además de ser mercadólogo, llevabas un arquitecto dentro de ti.

Juntos fuimos a Guatemala para conocer a los que hoy son nuestra cobertura espiritual: la Iglesia Casa de Dios.

Juntos fuimos al primer Reto Extremo de Carácter, Corazón Guerrero.

Juntos fuimos líderes de adolescentes.

Juntos fuimos líderes de jóvenes.

Y juntos, al final, fuimos pastores.

Pablo, fuiste el Jonatán de mi vida. La Biblia relata lo siguiente:

Acanteció que cuando él hubo acabado de hablar con Saúl, el alma de Jonatán quedó ligada con la de David, y lo amó Jonatán como a sí mismo. [...] E hicieron pacto Jonatán y David, porque él le amaba como a sí mismo.

(1 Samuel 18:1-3)

Pablo, antes de ser mi cuñado fuiste mi amigo de pacto, lo eres y serás. Te voy a extrañar mucho, no sé cómo podré vivir sin ti, pero solo Dios me dará la fortaleza.

Me amaste como a ti mismo, Pablo. Siempre que te marcaba o buscaba, me contestabas, nunca me dijiste que no, siempre estabas para mí. En las decisiones difíciles te consultaba y tus consejos eran únicos, llenos de sabiduría.

Siempre me defendiste, me protegiste y me amaste.

Y Jonatán se quitó el manto que llevaba, y se lo dio a David, y otras ropas suyas, hasta su espada, su arco y su talabarte.

(1 Samuel 18:4)

Hoy tengo el honor de portar tu camisa y tu gorra. Me queda grande no solamente de tamaño, sino me queda grande de tu amor y servicio por la gente. Daré mi mayor esfuerzo para estar a la altura.

Honraré tu legado. Dios nos dio muchas palabras juntos, y en los últimos minutos que tuviste en esta tierra te prometí que lucharía hasta alcanzar esas promesas.

Empezamos sueños, y los terminaremos juntos, porque ahí estarás siempre. Quisiera mencionarte algunos:

Río Kids será un proyecto que llevará tu nombre.

Los legendarios subiremos a la montaña: AHU, AHU, AHU, y escribiremos tu nombre: CORAZÓN GUERRERO.

Una pérdida repentina te enseña lo frágil que eres en esta vida.

Daré lo mejor de mí para un día saludarte con el máximo cargo que un mexicano pueda tener en este hermoso México (esto lo entiendes tú muy bien, Pablo).

Cuidaremos a tu familia, no les hará falta nada. Pablo Salomón y Bianca Alegra llevan tu herencia y legado.

Tuve el honor de ungirte como pastor y de ungirte para la última batalla de tu vida, y sé que la ganaste, hoy estás en el cielo recibiendo el mayor premio y honor que alguien puede tener: la vida eterna.

Pablo, este acontecimiento me ha marcado, mi vida no será la misma, sabes que siempre he tenido temor a Dios, pero hoy más; Él es un Dios soberano, cuidemos nuestra salvación con temor y temblor.

Si pudiese decir un mensaje de ti, Pablo, a todos los que lean esta carta sería: amemos y sirvamos a Dios, es lo que tú siempre hiciste.

Las últimas palabras que hablamos tú y yo fueron: Dios está cambiando el corazón de su Iglesia.

RÍO, sigamos amándonos, cuidémonos los unos a los otros, vayamos por más. Seamos una iglesia radiante, sin mancha ni arruga ni ninguna otra imperfección, sino santa e intachable. RÍO Lindavista, continuemos el legado del pastor Pablo, construyamos una de las iglesias más fuertes en amor, servicio y pasión, y así honraremos el nombre de Pablo.

Pablo, te amo, te voy a extrañar demasiado, te recordaré todos los días de mi vida, te veo en el cielo amigo del alma.

No tengo duda, una pérdida repentina te enseña lo frágil que eres en esta vida, a la vez, te abre los ojos de los buenos amigos que tienes, y también de los que solamente se aparecen en funerales y nunca más vuelven a regresar. Con esta pérdida aprendí a amar y a valorar más a mi esposa e hijos, a aprovechar cada minuto a su lado. Esta vida es una y la tenemos que vivir al máximo cada día.

Dios no improvisa; Él tiene contados los días de mi vida.

La enseñanza más grande que recibí en este proceso es: Dios no improvisa; Él tiene contados los días de mi vida. "En Dios no hay pérdidas, siempre habrá ganancias" es una frase que constantemente había dicho y enseñado, pero hasta ese momento pude vivirlo muy fuerte. Me costó y me cuesta mucho trabajo aceptar la pérdida de mi mejor amigo, pero, sin duda, hubo ganancias, y una de ellas es la vida eterna que hoy él ya disfruta.

ENTRE CAUCES

Quise abrirte mi corazón con este momento de mi historia personal, para que al leerla puedas sanar tu corazón si has sufrido una pérdida.

CUÉNTAME SOBRE TU PÉRDIDA

Dios está detrás de cada pérdida, y aun cuando no tengo respuesta al por qué, he hallado en el transcurrir enseñanzas muy valiosas. ¿Por qué no escribes una carta a la persona que perdiste? Esto te dará una perspectiva diferente de las cosas. En la iglesia que Pablo lideraba, hicimos una actividad muy bonita con el equipo cercano, y fue justamente que cada miembro le escribiera una carta a Pablo. Fue un momento único, experimentamos sanidad, consuelo, cercanía y empatía entre los que accedimos a ese llamado; se revivió una conexión increíble con Pablito.

COMIENZA A ESCRIBIR TU CARTA A...

_____

_____

_____

_____

_____

_____

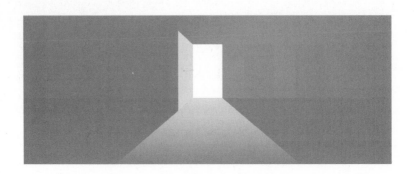

"*LOS VISIONARIOS NO
LOS ENCUENTRAS EN SUS PROPIAS
IDEAS, ELLOS ESTÁN EN
LAS GRANDES MISIONES.*"

Día 2

NO CAMINES SOLO

EL ARTE DE ENGAÑARSE A SÍ MISMO

*Como aguas profundas es el consejo en el corazón del
hombre, Y el hombre de entendimiento lo sacará.*
—Proverbios 20:5, NBLA

El aislamiento funciona en casos muy particulares, o en circuns-tancias extremas como la que vivimos en el 2020, donde un virus nos aisló a todos en nuestras casas. Sin embargo, también tiene efectos negativos, tales como soledad, depresión, tristeza, incremento de la pornografía, ocio, pensamientos suicidas, ansiedad, frustración, entre otros más. Salir de este confinamiento hacia la normalidad será todo un reto. Hacerlo solo puede ser mala decisión. Después de aconsejar por muchos años a la juventud y a familias, me he dado cuenta de que en esta vida es muy peligroso caminar solo.

Es muy fácil engañarse a sí mismo caminando solo, pero es difícil engañarse cuando hay personas a tu lado. La visión personal es fundamental para emprender caminos en la vida, y es más poderosa cuando esta visión no solamente involucra al individuo, sino a más personas con él. Tu potencial será expuesto cuando estás conectado a una visión corporativa, que bien puede empezar como un sueño personal, donde el siguiente paso sea transmitir la visión hacia algo más grande, para que trascienda y no se extinga al poco tiempo.

> **Es muy fácil engañarse a sí mismo caminando solo, pero es difícil engañarse cuando hay personas a tu lado.**

Me considero una persona disciplinada y entregada a lo que hago; sin embargo, por más esfuerzo individual que yo pueda hacer, jamás se podrá comparar con lo que he alcanzado junto a un equipo o dentro de una organización. Una vez tuve el sueño de realizar grandes eventos y motivar a la juventud a ser agentes de cambio, a transformar su entorno, a creer que podemos ser una mejor sociedad y país.

Han transcurrido ocho años ya desde que empezamos con la primera conferencia. Sin duda, una de las mejores experiencias que he tenido ha sido entrar a uno de los recintos más grandes de Latinoamérica (Arena Ciudad de México).

Hoy, ese sueño ha seguido en constante innovación, pues *Makers* creció exponencialmente, ya que, en 2019, y desde las instalaciones de RÍO, transmitimos simultáneamente el congreso en más de 160 salas de cine de todo México.

Estas realizaciones me han dejado este aprendizaje: *para hacer crecer una visión se requiere la suma de los dones y las visiones personales de muchas otras personas.* Conecta tu tiempo, tu energía, tus recursos y el poder de tu creatividad a la visión de otros. He entendido que, si vamos a impulsar que el mundo sea un mejor lugar para vivir, no puedo hacerlo con una actitud individualista. El libro de Proverbios, en el Antiguo Testamento, provee de mucha sabiduría para vivir. Tengo muchos proverbios favoritos, uno de ellos es:

> *Como aguas profundas es el consejo en el corazón del hombre, Y el hombre de entendimiento lo sacará.*
>
> (Proverbios 20:5, NBLA)

Conecta tu tiempo, tu energía, tus recursos y el poder de tu creatividad a la visión de otros.

Este proverbio nos enseña dos grandes principios:

En nuestro interior todos tenemos consejos valiosos que nos ayudan a vivir, pero son como *aguas profundas*, es decir, se requiere esfuerzo y paciencia para buscarlos y encontrarlos. Dentro de nosotros tenemos muchas respuestas a las interrogantes de la vida, pero hay que echarse un clavado en nuestro mar interior para hallar esos tesoros que ya están depositados. Siempre he creído que a la mayoría de nuestras preguntas, en nosotros mismos tenemos las respuestas, y la razón es muy simple: fuimos creados por Dios, Él ha puesto dentro de nosotros su Espíritu Santo, que cual maestro nos ayudará a entender y a resolver nuestros cuestionamientos e inquietudes.

Pero también, hay hombres que con la sabiduría de Dios nos pueden ayudar a extraer esos tesoros escondidos. Hay personas o mentores que harán el camino más fácil para encontrarlos; hombres y mujeres cuya experiencia nos ahorrarán mucho tiempo, esfuerzo y aun dinero. La pregunta crucial es ¿cómo los encuentro o dónde están?

El secreto está en sumarse y formar parte de la visión de otros para poder encontrarlos.

> **Considera estar con personas alrededor ti que siempre crean en sueños más grandes que el tuyo, porque esos son los que agrandan la visión.**

Los visionarios no están encerrados en sus propias ideas, sino que están en las grandes misiones, y es ahí donde debes unirte. Considera estar con personas alrededor ti que siempre crean en sueños más grandes que el tuyo, porque esos son los que agrandan la visión. Esto se llama influencia, la cual es sutil, pocas veces se da uno cuenta, pero sucede.

El que anda con sabios será sabio.

(Proverbios 13:20, NBLA)

Sin embargo, también están aquellos que apagan las visiones. Cuídate y aléjate de estos.

Pero el compañero de los necios sufrirá daño.

(Proverbios 13:20, NBLA)

Una forma de protegerte de estos "necios" es teniendo muy clara tu visión de quién quieres llegar a ser. No permitas la influencia de ser lo que otros quieren que seas. Piénsalo de esta manera: en los cementerios hay mucho potencial sepultado, personas que jamás salieron a la luz y que vivieron bajo la sombra de los anhelos de otros. Su visión no se sumó a otra, más bien se ahogó ante la de otro. Por tanto, para que tu potencial se desarrolle, para que tu visión se engrandezca, vas a requerir muchas veces separarte de personas y lugares, si no quieres sufrir daño. Es un asunto de "sana distancia".

No lleves tu visión al panteón. Ahora que ya puedes salir más de tu casa, practica el principio de Proverbios 13:20: júntate con sabios.

El encierro debió dejarte muchas cosas por reflexionar. Tratar de volver a la cotidianidad es como una oportunidad de volver a empezar. Si no te contagiaste del COVID-19, evita ser víctima de otra pandemia mortal, la de compartir tu visión con las personas equivocadas:

... si el ciego guiare al ciego, ambos caerán en el hoyo.

(Mateo 15:14)

Sal y rodéate de ambientes saludables en todos sentidos, de personas que te fortalezcan e impulsen a ir siempre adelante.

Después de este tiempo tan difícil que vivimos, sal y rodéate de ambientes saludables en todos sentidos, de personas que te fortalezcan e impulsen a ir siempre adelante, que hagan crecer tu visión. Únete a una visión más grande, que tenga valores y principios correctos, pues esto ayudará a todos a salir más fácil de la crisis mundial que enfrentaremos. No salgas de nuevo con la misma actitud, no camines con las mismas personas que te han dañado. Pero tampoco decidas caminar solo, porque hay gente muy valiosa que quiere salir a tu encuentro; lugares que te revitalizarán y llenarán de energía para continuar en lo que viene por delante.

ENTRE CAUCES

+ Identifica personas o lugares con los cuales debes guardar la "sana distancia".

+ Identifica personas o lugares a los que debes acercarte para el beneficio de tu vida y tu visión.

+ Ahora que pasaste por un tiempo de aislamiento, escribe el nombre de las personas o lugares que ahora sabes que son fundamentales y valiosos para ti.

+ De manera sencilla, una visión es la realidad que te gustaría ver en ti en un corto o largo plazo. ¿Tienes una visión de lo que quieres de ti mismo? ¿Quién quieres ser en este año que viene, toda vez que has salido del "Quédate en casa"? ¿Cómo te ves en los próximos años? Si aún no la tienes, ¿por qué no comienzas a estructurar una visión personal?

_____

_____

_____

_____

_____

_____

"NO NECESITAMOS ESTAR EN EMERGENCIA PARA HACER LO BUENO, SIEMPRE ES MOMENTO PARA HACERLO."

Día 3

LA EMERGENCIA

UNA OPORTUNIDAD PARA COMPARTIR

*¡Todo lo que tenemos ha venido de ti, y te damos solo lo
que tú primero nos diste!*
—1 Crónicas 29:14, NTV

Ya teníamos cerca de tres semanas en aislamiento, ordenado por las autoridades sanitarias. Habíamos solucionado todo sobre las transmisiones en vivo de la iglesia RÍO, así como la organización de todos los grupos para mantenernos conectados a distancia. Sin embargo, empezamos a recibir llamadas y mensajes de familias que no tenían qué comer. Siendo honesto, en un principio pensé en orar por esas familias para que Dios les diera provisión. En muchas ocasiones, la frase "oraré por ti" es un pretexto para no hacer algo más. Ante la necesidad, quisimos hacer algo más, y en menos de 24 horas decidimos lanzar la campaña «México ayuda a México».

Nuestro equipo de medios y producción rápidamente produjo diseños, *banners* y hasta un video. Así, tan solo en el primer día de recaudación, repartimos más de mil despensas. Debo decir que esta campaña fue diseñada por Casa de Dios, en Guatemala; doy gracias a mis pastores Cash y Sonia Luna por su visión global para poder crear no solamente algo para su país, sino para aquellos que quisieran ser parte, por lo que siempre, con un corazón generoso, nos compartieron el proyecto, sus ideas y su creatividad.

> **En muchas ocasiones, la frase "oraré por ti" es un pretexto para no hacer algo más.**

«México ayuda a México» será una experiencia que nunca olvidaré. Hubo un momento que me marcó muy fuerte, y fue cuando vi llegar a nuestro centro de acopio a una mujer con un bebé recién nacido. Me enojé mucho al verla porque pensé que estaba arriesgando a su hijo ante el ambiente de la pandemia. Pero después reflexioné y sabía que era la necesidad de comer lo que la había hecho salir de casa para conseguir algo de alimento.

Resulta fácil en nuestras circunstancias ver por uno mismo; sin duda, es una puerta segura. Sin embargo, de eso no se trata la vida, porque creo que Dios nos ha dado determinadas circunstancias de vida para tener la oportunidad de compartir con los demás.

Uno de los hitos de la misma campaña fue en el área económica, lo que llamamos *Mercado solidario*, cuyo objetivo es fomentar la sinergia entre comerciantes, empresarios y emprendedores. Ha sido un proyecto muy bonito, porque hemos visto la solidaridad de los mexicanos. Actualmente se han sumado más de 200 negocios a esta gran red. Al paso de los días notamos algo muy interesante: aquellos empresarios que más recomendaban a otro, o compartían y daban de sus productos, son a los que mejor les ha ido.

Una emergencia como la de la COVID-19 nos hace actuar de inmediato. ¿Recuerdas la solidaridad de la sociedad mexicana ante el desastre del terremoto de 2017? Todas estas catástrofes ponen a prueba nuestros pensamientos y reacciones, son una prueba de acción, y muchas veces lo haremos bien, otras no tanto. Pero hoy puedo decir que no necesitamos estar en una emergencia para hacer lo bueno, siempre es momento para hacerlo

> *Pero ¿quién soy yo, y quién es mi pueblo, para que podamos darte algo a ti? ¡Todo lo que tenemos ha venido de ti, y te damos solo lo que tú primero nos diste!*
>
> (1 Crónicas 29:14, NTV)

Debemos reconocer de dónde proviene todo, porque nuestra capacidad de respuesta solidaria no es producto de nuestro esfuerzo o habilidades o recursos que tengamos; no, no es así, todo proviene de alguien que nos abre las puertas —oportunidades— para hacer favores, para mostrar gracia, para hacer lo bueno, y es Dios. Y cuanto más comparto, Él dará más, porque en el cielo no hay crisis. Dios no tiene ningún problema para bendecir.

En el cielo no hay crisis. Dios no tiene ningún problema para bendecir.

> *El que es fiel en lo muy poco, también en lo más es fiel; y el que en lo muy poco es injusto, también en lo más es injusto.*
>
> (Lucas 16:10)

Este versículo no está hablando de cuánto tenemos, sino de la actitud del corazón. No importa si tienes poco o mucho, el punto es qué estás haciendo con lo que hoy tienes. ¿Solamente es para ti? ¿O te atreverás a ver el poder tan grande que existe cuando compartes?

Un día, platicando a la distancia con mi amigo pastor Carlos Villacrés (ecuatoriano, de la iglesia Casa de Fe), hablábamos de la importancia de bendecir tu casa, tu iglesia y también tu país. En aquella ocasión, él me compartió un principio de vida que me marcó: «*Uno de los primeros frutos de arrepentimiento, es decir, de que has empezado una nueva vida en Dios, es justamente el compartir*». Muchos pensaríamos que solamente es dejar las cosas malas que hacíamos, pero no es así, pues en la vida en Cristo nos vamos perfeccionando, y cuando compartimos es evidencia de que un cambio está ocurriendo dentro de nosotros, por ejemplo, que las prioridades del corazón son otras y que ahora vivir la vida ya no solo se trata de mí.

Un día de este aislamiento me levanté con un pensamiento muy fuerte. Me sentía algo exaltado por saber cuál iba a ser la actitud de mi corazón durante esta pandemia. ¿No será que esto es una prueba real para saber quiénes somos? Más allá de quién nos ve, la familia y Dios saben de nuestros sentires y acciones más profundos. Aunque yo sabía que toda aquella circunstancia terminaría en algún momento, por instantes me asaltó el pensamiento de no querer que terminara, porque dentro de mí decía ¿habré pasado la prueba?, ¿me habré demostrado a mí mismo que no necesito de una plataforma para compartir?, ¿habré hecho un buen papel con mi esposa e hijos?, ¿habré estado a la altura de las circunstancias con la iglesia?

Una señora nos ayuda dos veces a la semana con algunos quehaceres del hogar. Ella es una persona humilde que, con mucho esfuerzo, está logrando salir adelante en estos tiempos de crisis. Pero ella cada semana nos pedía que oráramos por su ofrenda de 100 pesos para la iglesia. A mi mente vino el relato de la viuda que entregó todo lo que tenía (ver Lucas 21:1-4), y yo oraba con alegría por esta mujer, porque sabía que una bendición muy grande la esperaba. Justo en este momento que estoy escribiendo, ella está ayudándonos, y está cantando una de mis canciones favoritas:

> *Mi socorro has sido tú,*
>
> *en la sombra de tus alas yo me gozaré, mi alma está pegada a ti,*
>
> *porque tu diestra me ha sostenido.*[1]

Al mismo tiempo, hay personas que teniendo mucho más que ella —unos empresarios, otros asalariados— en ningún momento han dado nada ante tanta necesidad, sino que solamente están pensando en ellos. Personas como nuestra trabajadora del aseo son gente de la que aprendemos mucho sobre compartir, porque sin Facebook, ni Instagram, sin seguidores, ni *likes*, sus perfiles están en el cielo por la obra de su corazón y no por la cantidad de sus bienes que repartieron. Porque compartir fortalece. Despréndete, comparte, da, hacerlo es una bendición. Hazlo y verás que los milagros ocurren, porque es un principio bíblico que funciona para todos. Es fruto de una nueva vida en Cristo. Siempre es momento de hacer el bien.

Despréndete, comparte, da, hacerlo es una bendición.

---

1. Alabanza compuesta por Marcos Witt, basada en el Salmo 63.

ENTRE CAUCES

En la Biblia, en la historia de Israel se nos habla del diezmo y de cosas que se ofrendan; en el Nuevo Testamento se nos enseña sobre la actitud del corazón. ¿Cómo te sientes cuando ofrendas hoy en día? ¿Cuál es tu primer pensamiento cuando recibes dinero por tu trabajo o algo extra que no esperabas?

¿Piensas primero en ofrendar, compartir o ayudar, o en pagar la deuda que te aqueja, o en qué comprar y que siempre has deseado?

+ ¿Podrías anotar de manera rápida (sin pensar) los nombres de las personas con las que compartiste comida y sustento ante la necesidad de esta pandemia?

+ Piensa en tres cosas que puedes dar (alimento, ropa, tu primer diezmo, una consulta médica, medicinas, etc.); luego, proyecta en familia, o con otros, una forma en la que puedan compartirlo. Escribe aquí una afirmación y fecha de inicio en la que te comprometes a hacerlo.

_____

_____

_____

_____

_____

"MUCHO TALENTO CON
POCO CARÁCTER ES IGUAL A NADA."

Día 4

LA DECEPCIÓN

NO MIRES SOLO LO QUE ESTÁ DELANTE DE TUS OJOS

*Y Jehová respondió a Samuel: No mires a su parecer, ni
a lo grande de su estatura, porque yo lo desecho; porque
Jehová no mira lo que mira el hombre; pues el hombre mira
lo que está delante de sus ojos, pero Jehová mira el corazón.*
—1 Samuel 16:7

A los doce años me nació un deseo increíble por la música. Mi papá siempre nos educó con buenas canciones; seguramente de ahí viene mi pasión por este arte tan hermoso. Muchos años toqué el piano, y algunos pocos la batería; fue un tiempo donde aprecié la música y hasta el día de hoy es una de mis grandes pasiones.

De la música aprendí demasiadas lecciones. Una de las más importantes fue que es un medio que nos acerca a Dios, donde en cada melodía se pueden sentir diferentes expresiones de Él.

De hecho, una de las razones por la que decidí prepararme más es porque quería experimentar nuevas formas musicales que me acercaran todavía más a Dios. Experimentar la música me enseñó algo aún más contundente: mucho talento con poco carácter es igual a nada. Por años pude convivir con músicos con dones únicos en su instrumento. Sin embargo, me percaté de que talento extraordinario sin principios sólidos de vida que los sostengan, tarde o temprano ese don se vuelve nada.

Se necesita algo más grande que arrope el talento, y se llama *carácter*. Este se forma con las decisiones que se toman día a día. Cada vez que decides por el bien, el perdón, la responsabilidad, el compromiso, tu carácter se fortalece. Podría decir que el talento es un don, pero el carácter es una elección. Decide hoy poner atención a un elemento sobre el que sí puedes intervenir y adquirir control: tus decisiones.

> **Se necesita algo más grande que arrope el talento, y se llama *carácter*.**

De la música aprendí tanto la admiración como la decepción. Pueden grandes talentos brillar, como también lastimar a otros. Un cantante puede mostrarse sublime alcanzando notas formidables, pero al mismo tiempo estar destruyendo su vida misma o la de otros por sus malas decisiones. En años recientes hemos escuchado de gente famosa con asuntos pendientes con otras personas. Tal es el caso del tenor Plácido Domingo, quien tuvo que reconocer que detrás de los telones había acusaciones sexuales que afrontar. Las malas decisiones nos asaltan a todos.

Por ello decidí aplaudir a los músicos y cantantes que tal vez no tienen un gran don musical, pero sí un gran corazón y un carácter firme; con ellos decidí caminar. ¡Qué difícil es para nosotros ver el corazón de las personas!

Como líder en la iglesia, puedo decir que conocer el corazón de una persona no es un proceso fácil, y creo que solamente el tiempo nos descubre el interior. Pero Dios sí puede hacerlo al instante. De manera que es bueno el talento de la gente y reconocer las cosas grandes que hacen, pero el asunto real está en el corazón, *"porque de él mana la vida"* (Proverbios 4:23). ¿Cómo, entonces, puedo reconocerlo? ¿Cómo puedo guardar mi propio corazón?

Fui líder de jóvenes por más de diez años, y he visto muchas historias de jóvenes que se enfocaron en sus sueños de juventud, en sus dotes físicos, en sus años por vivir. Nunca pusieron atención a las verdaderas intenciones de su corazón. Por eso es muy común ver a hombres o mujeres de 30 o 40 años comportándose con gran inmadurez, como si no hubieran aprendido nada de los años vividos. Tal parece que sigue viviendo el adolescente o joven en cuerpo de hombres y mujeres maduros. Por tanto, acudamos con el mejor detector de corazones, y cuanto más cerca estés de Dios, será más fácil que te ayude a empezar a enfocarte en lo valioso que tienes tú y las personas: tu corazón y el carácter que se forja en su interior.

ME ENAMORÉ DE LA CARA DE UN CORAZÓN

Recuerdo el día cuando vi por primera vez a Michelle, mi esposa, ella tenía 19 años. Me gustó mucho físicamente, pero no logramos conocernos, solo nos miramos. Quince días más tarde ella ya estaba de regreso en Estados Unidos, donde nació y creció. Desde allá —y sin conocerme realmente— se atrevió a mandarme una solicitud por Facebook; lo demás es historia.

Michelle era muy joven, apenas estaba en la universidad, y yo ya había terminado mi maestría. Estaba trabajando en un ambiente donde me rodeaba de personas más grandes. Pero en ella había una grandeza interna que me estaba enamorando cada vez más. Experiencias del pasado me hicieron aprender a enfocarme en lo que realmente quería en una pareja: la prioridad era el corazón.

A las pocas semanas había logrado ver el gran corazón que tenía Michelle: sencilla, humilde, trabajadora, gran hija y hermana, pero, sobre todo, amaba y servía a Dios. Apenas podía ver el corazón de Michelle, pero Dios la conocía mejor que yo, así es que fue un tiempo de búsqueda, de preguntarle a Él, de buscar respuestas y confirmaciones. Hoy tenemos ocho años de casados y ha sido la mejor decisión que haya tomado. Somos muy felices, tenemos dos hijos sorprendentes, y te puedo decir que si bien Michelle me gustó —y me gusta mucho—, hoy sé que me enamoré de la cara de un corazón.

Decide hoy poner atención a una cosa sobre la que sí puedes intervenir y adquirir control: tus decisiones.

ENTRE CAUCES

+ Describe tu corazón (sensaciones, pensamientos, sentimientos, anhelos, emociones, valores) y explica el lugar que Dios tiene en él por sobre todas esas y otras muchas cosas.

+ Ante tantos días de encierro que hemos pasado debido a la cuarentena por el COVID-19, ¿qué descubriste que ocupó más tu corazón: el temor, la incertidumbre, las preocupaciones por la salud y por el mañana? ¿O la paz, el propósito y la misericordia?

+ Después de esta breve reflexión, ¿cuál puedes decir que es el tesoro de tu corazón?

+ Si has podido conocer algo del corazón de alguien, escribe su nombre y cuáles son aquellas cosas que has podido ver que te muestra su corazón.

_____

_____

_____

_____

_____

_____

"JAMÁS EL VICTIMISMO SE APODERARÁ DE MÍ."

Día 5

LA VÍCTIMA

NO AL SILENCIO DEL DAMNIFICADO

Los que buscan su ayuda estarán radiantes de alegría; ninguna sombra de vergüenza les oscurecerá el rostro.
—Salmos 34:5, NTV

Todos estamos luchando con algo en nuestra vida. Con algún suceso o circunstancia del pasado, y más en el presente, cuando todos fuimos acechados por la pandemia de la COVID-19. Es muy fácil hacerse o sentirse la víctima, pensar que se es el único que está atravesando por ese valle de lágrimas. La realidad es que todos luchamos contra algo, y la diferencia está en cómo nos comportamos ante tales circunstancias.

¿Qué es lo primero que asalta tu mente cuando te acechan problemas ajenos a ti?

¿Cómo reaccionas ante los problemas o pruebas de la vida?

¿Piensas primero en el "por qué yo" antes del "qué debo hacer" o "qué debo aprender"?

Pocas veces, muy pocas, nos hacemos realmente las preguntas correctas, y en cierto sentido es lógico, pues nos encontramos aturdidos por las circunstancias. Con firmeza, digo que uno de los factores que nos ha afectado más como sociedad y cultura, es el *victimismo*. En *La Visión de los Vencidos*, de Miguel León Portilla,[2] se relatan los "presagios funestos" en la antesala de la llegada de los españoles.

> **La realidad es que todos luchamos contra algo, y la diferencia está en cómo nos comportamos ante tales circunstancias.**

Somos una nación conquistada, y nos guste o no, así solemos pensar. Y mucha de la juventud vive con esta visión; jóvenes con un gran potencial, pero con un espíritu de víctima muy dominante, donde en lugar de enfocar sus baterías en sus dones y talentos, están enfrascados en las heridas del pasado y en quién se las debe todavía.

Amigo, al pasado no le puedes hacer nada. Si fuimos conquistados, si perdimos batallas, si vienes de una familia pobre, si no tuviste recursos para estudiar, perdón que te lo diga, pero a ese pasado ya no puedes hacerle nada. Sin embargo, al futuro sí le puedes hacer mucho, todo cuanto quieras.

Fui un adolescente que destacó en la escuela. Al terminar la secundaria logré obtener el primer lugar de mi generación. Me sentía muy orgulloso de lo que había alcanzado; ahora venía un paso más importante: entrar a la preparatoria. Fue entonces que mi papá me hizo la propuesta de entrar al TEC de Monterrey,

---

2. Universidad Nacional Autónoma de México; Edición revisada (30 Junio 2007).

un colegio muy prestigioso en México; sin duda, una de las mejores instituciones educativas.

Por supuesto que me entusiasmé, así que empecé a revisar todos los requisitos para poder entrar y comencé el proceso de admisión. Fue durante esos mismos meses que mis padres estaban pasando por una situación económica muy difícil. Mi papá, después de tener negocios sólidos y crecientes, decidió dejar todo por obedecer el llamado de Dios a ser pastor. Mis papás lo habían dejado todo para servir en la iglesia. En otro capítulo contaré un poco más de las bendiciones de esta parte de mi vida.

Llegó, pues, el día de la entrega de los resultados del examen de admisión, ¡y lo logré! Obtuve el puntaje necesario para entrar a este colegio, pero no para obtener una beca. Y sí, también yo hice la pregunta incorrecta: "¿Por qué mi papá tuvo que dejar su negocio?... Si hoy lo tuviera podría entrar sin problema al TEC". Junto con la pregunta equivocada, al mismo tiempo me estaba haciendo la víctima de circunstancias ajenas a mí. El camino más fácil frente a mí era justamente ser la víctima de lo que estaba ocurriendo. "¿Hice todo para entrar y ahora no puedo?". Pero también la otra dirección de la bifurcación en el camino era buscar las soluciones: "OK, ¿y ahora qué debo hacer?".

Y así lo decidí, empecé a creer que yo sí podía estudiar en el TEC, que podía ser entrenado por los mejores, que, aunque mis padres no tuviesen dinero para pagar la colegiatura, encontraría los medios para hacerlo. ¿Qué fue entonces lo que hice? ¿Cuál fue la gran puerta para hacer realidad ese sueño? ¡Pedir ayuda! Se escucha fácil, pero no muchos lo hacen.

Un día decidí hacer una cita con la directora de becas, exponerle mi caso y pedirle ayuda; por supuesto que me comprometí a ser un gran alumno y representar dignamente a la universidad.

Y sencillamente ¡me apoyó! ¡No decidí callarme, no decidí quedarme atrapado en mi silencio de "damnificado"!

En resumen, logré entrar becado al TEC no solamente durante la preparatoria, sino también durante la licenciatura y hasta la maestría. Aprendí así una gran lección: jamás el victimismo se apoderará de mí.

El silencio debilita, paraliza, persigue, aplasta y mata.

¿Estás siendo una víctima silenciosa? ¿A nadie has pedido ayuda sobre cosas que tú sabes muy bien que están ahí, en ti, que te han dañado y lastimado demasiado, que te hacen sentir, ser y vivir como una víctima? Una víctima silenciosa es alguien que sufre en silencio. No recibes la ayuda que necesitas porque no has hablado, no has gritado, por miedo a lo que pensarán los demás de ti. Pero en ese silencio, lo que estás realmente construyendo son los cimientos de una vida donde todo girará alrededor de que tú eres el único que has sufrido, por tanto, nadie ha vivido lo que tú. Ese es el pensamiento de una víctima.

El silencio debilita, paraliza, persigue, aplasta y mata. He entendido que el arsenal del enemigo, Satanás, es llevarnos hacia un silencio excesivo, sepulcral, de las cosas que nos aquejan. Pero, Dios piensa lo contrario:

> *Los que buscan su ayuda estarán radiantes de alegría; ninguna sombra de vergüenza les oscurecerá el rostro.*
>
> (Salmo 34:5, NTV)

No seas más una víctima silenciosa. Es momento de buscar ayuda, porque cuando lo hagas tu vida girará 180 grados hacia la luz y hacia un propósito.

¿Cuántas sombras oscurecieron tu rostro los días del "quédate en casa" de la pandemia del COVID-19? Estas son algunas cifras que deja tras de sí el COVID-19, cuya crisis hizo que la "sombra de vergüenza" que se vive en muchos hogares saliera a la luz, donde muchos de esos casos seguro a nadie le habían dicho nada:

"Las llamadas al 911 por incidentes de violencia familiar se dispararon un 23% en todo el país en marzo de 2020 respecto a febrero, cuando empezó el confinamiento en casa para controlar la pandemia del COVID-19. La actualización de cifras dada a conocer [...] por el Secretariado Ejecutivo del Sistema Nacional de Seguridad Pública (SESNSP) revela que en total se recibieron 64 858 llamadas, es decir, 2092 al día, 87 llamadas de mujeres cada hora para pedir ayuda o información de qué hacer por un episodio de violencia familiar. A eso se suman 22 628 llamadas por violencia de pareja durante marzo, que también fueron un 23 % más que las recibidas en febrero y significa que hubo 30 mujeres pidiendo ayuda cada hora".[3]

Durante este aislamiento supe del caso de un amigo que llevaba más de cincuenta días luchando con problemas de ansiedad, preocupaciones y enfermedades. El silencio se había apoderado de su vida y pensaba que podía salir adelante por sí mismo. Sin embargo, un día se atrevió a mandarme un mensaje para pedir ayuda. Nos pusimos de acuerdo, fui a visitarlo a su casa, y después de que platicamos y oramos, su rostro estaba radiante de alegría.

Buscar ayuda y hablar con aquella directora de becas del TEC provocó que mi rostro cambiara. La prepa y la universidad fueron de las mejores temporadas de mi vida. Bien pudo

3. Consulta en línea. https://www.animalpolitico.com/2020/04/llamadas-denuncias-violencia-familiar-pandemia/ revisado el 14 de mayo de 2020.

haber sido de las peores, si yo lo hubiera permitido. Recuerdo que antes de acudir a la cita en el departamento de becas, elevé mi oración y le dije a Dios: "Tú me has traído hasta aquí, sé que has sido tú; pero yo me comprometo a permanecer en ti, pase lo que pase. Tú sigues siendo mi amigo en quien siempre puedo confiar".

No seas la víctima de tu propio destino. Habla, grita, pide, toca puertas, ¡haz que alguien te escuche! Pero, sobre todo, jamás te desconectes de la fuente de vida que es Jesucristo.

Ciertamente, yo soy la vid; ustedes son las ramas. Los que permanecen en mí y yo en ellos producirán mucho fruto porque, separados de mí, no pueden hacer nada.

(Juan 15:5, ntv)

No te aísles ni te desconectes. Ya fueron muchos días de aislamiento, ¿no crees? Ya fueron muchos años de silencio, ¿no es así? Son años que no has puesto delante de Dios lo que te dañó y de lo cual probablemente no eres responsable, pero te haces la víctima. Eso te ha dejado en el mismo lugar. Haz las cosas diferente, aférrate a Dios para que puedas dar fruto que transforme tu vida para siempre. Algo que sana el victimismo son los frutos, los logros, así que no sigas pensando de la misma manera porque llegarás a los mismos resultados; pero también recuerda que separado de Dios no puedes llevar fruto.

No seas la víctima de tu propio destino. Habla, grita, pide, toca puertas, ¡haz que alguien te escuche!

ENTRE CAUCES

+ Los días de encierro hicieron brotar en ti pensamientos de víctima por las cosas que la pandemia te provocó: ¿te infectaste, perdiste a un familiar, perdiste el empleo, te estás retrasando en pagos de créditos? Haz una lista de todos los pensamientos negativos o de víctima con los que estás saliendo de esta pandemia.

+ Recuerda: aunque fuiste afectado, la pandemia no es tu responsabilidad. Sin embargo, ¿cuáles son las preguntas que te estás haciendo? ¿Estás siendo proactivo o pasivo?

+ ¿Qué necesitas hacer diferente para tocar la puerta de la ayuda correcta? Escribe una lluvia de ideas positivas de qué hacer o a quién buscar, y que combatan el "por qué a mí".

+ ¿Qué necesitas hacer diferente para que en Jesucristo "lleves mucho fruto"?

_____

_____

_____

_____

_____

_____

"EL MIEDO ES REAL Y HORRIBLE,
PERO TAMBIÉN LA FE
ES REAL Y PODEROSA."

Día 6

EL MIEDO

EL CAMINO DE LA CONFRONTACIÓN

*Aunque ande en valle de sombra de muerte, no temeré
mal alguno, porque tú estarás conmigo; tu vara y tu cayado
me infundirán aliento.*
—Salmos 23:4

El miedo es real. Todos lo hemos sentido alguna vez en la vida; puede venir de diferentes formas, momentos y circunstancias.

¿De dónde viene el miedo? Mis hijos siempre han tenido miedo a ciertas cosas y, sabes, yo no se los enseñé. Con la edad, nuestros temores crecen; lo que vemos y oímos cobra dimensiones por momentos fatalistas, por las experiencias vividas, propias o ajenas. Todos experimentamos miedo, pero hay quienes temen a unas cosas y otros no.

Hay miedos que surgen cuando debemos salir de nuestra zona de confort. Los cambios representan retos y también miedos. Siempre me han gustado los retos; pero, créeme, conozco el miedo que se siente cuando estás justo en la antesala de enfrentar o atreverte a cosas mayores. El profeta Elías es, sin duda, uno de los personajes más grandes de la Biblia. Elías acababa de tener una de sus mayores victorias, había derrotado a más de 800 profetas falsos.

¿Te imaginas ese sentimiento de campeón que lo rodeaba, los halagos que seguramente tuvo? Si hubiese vivido en los tiempos actuales las redes sociales hubiesen explotado de miles *me gusta*, de comentarios y de muros y retuits con los videos de su victoria. Pero en medio de aquella gran celebración, se levantó una voz contra él:

> *Entonces Jezabel envió un mensajero a Elías para decirle: «¡Que los dioses me castiguen sin piedad si mañana a esta hora no te he quitado la vida como tú se la quitaste a ellos!» Elías se asustó y huyó para ponerse a salvo. Cuando llegó a Berseba de Judá, dejó allí a su criado y caminó todo un día por el desierto. Llegó adonde había un arbusto, y se sentó a su sombra con ganas de morirse. «¡Estoy harto, SEÑOR! — protestó—. Quítame la vida, pues no soy mejor que mis antepasados».* (1 Reyes 19:2-4, NVI)

La mayoría de los miedos no son reales, sino producto de suposiciones, de elucubraciones mentales.

En esta historia leemos que la hora en la que supuestamente tenía que estar muerto Elías, ya había pasado, por tanto, la amenaza había caducado. Pero ahora lo que estaba invadiendo a Elías era el miedo que se había apoderado de él. La mayoría de los miedos no son reales, sino producto de suposiciones, de elucubraciones mentales. Algunos de los miedos de los tiempos actuales, que Elías no padeció, por supuesto, son:

+ La amenaza de que tu novia o novio te deje.

+ El emprendimiento de un proyecto o negocio, pensando en que no vas a vender nada.

+ La preocupación de un secuestro.

+ La amenaza de contagio de virus.

+ Rumores de despidos en la empresa.

Algunos, por la primera opción, ¡casi se suicidan! Con miedo se pierde el enfoque. Decae el ánimo, ante todo, pero tales cosas aún no suceden. Una cosa es prepararse para escalar nuevas montañas, y otra muy diferente es pararse al pie de esta y tener miedo de que una avalancha te quite la vida. Tener miedo es prepararse para el fracaso, porque nos hace tomar decisiones sobre cosas que aún no suceden. Si el miedo se apodera de ti, no estás preparado para ascender a otro nivel, sino para descender al fracaso.

EL MIEDO PROVOCA CUATRO COSAS:

Huir. Elías huyó a un lugar peor, a una cueva.

Muchas personas huyen de la realidad y emprenden rumbo a lugares desconocidos que son peores. Es mejor enfrentar la realidad que evadirla hacia la nada.

Abandono. Elías dejó en el camino a su ayudante.

Seguramente hay algo o alguien importante y vital en tu vida; pero cuando el miedo se apodera de nosotros, nos ciega. Cuántas infidelidades descubiertas han destruido familias hermosas por no enfrentar la verdad antes de ser sorprendidos.

Vagar. Elías literalmente anduvo como vagabundo en el desierto.

El miedo provoca ir en pos de la nada; a donde sea es bueno, menos a donde hay que enfrentar la realidad. Una de las cosas que el miedo nos hace perder es tiempo de vida, el mismo que no puede reponerse, y nos conduce a un desierto sin destino. En el desierto no hay nada, no dejes que el miedo te lleve a esos lugares.

Muerte. Elías quiere morirse a causa del temor.

El miedo provoca en muchas ocasiones pérdida del pensamiento racional y a muchos los ha llevado al suicidio. El miedo nos hace perder el propósito y aun la vida misma.

¿Te das cuenta de lo sutil y poderoso que es el miedo?

En cualquiera de estos cuatro escenarios, debes saber que tú puedes no pertenecer a ninguno si la fe y la confianza en Dios son tu antídoto contra el miedo. En la Biblia encontramos la expresión de Jesús, "no temas", 103 veces; sin embargo, es una instrucción difícil de seguir, pero a la vez un recordatorio de Dios para los que creen en Él. Elías debió recordar esto:

> *Cuando Elías lo oyó, se cubrió el rostro con el manto y, saliendo, se puso a la entrada de la cueva. Entonces oyó una voz que le dijo: —¿Qué haces aquí, Elías?*
>
> (1 Reyes 19:13, nvi)

¿Dónde te tiene el miedo ahora? ¿Hasta dónde te ha llevado? ¿Por qué estás ahí?

El consejo de Dios sigue siendo "no temas".

La pandemia vivida nos ha hecho los mejores malabaristas. Hijos, esposa (o), casa, trabajo, iglesia, amistades, escuela, vida, etc., todo en un mismo lugar: la casa; más los cubrebocas, caretas, desinfectantes, "sana distancia", y demás en la calle. Y por, sobre todo, el consejo de Dios sigue siendo "no temas".

Al final, Dios desafió a Elías y lo hizo enfrentar ese miedo. Le dio la siguiente instrucción:

> El Señor le dijo:
>
> —Regresa por el mismo camino y ve al desierto de Damasco. Cuando llegues allá, unge a Jazael como rey de Siria…
>
> (1 Reyes 19:15, nvi)

Para vencer el miedo hay solo un camino corto: la línea recta de la confrontación.

Tuvo que regresar por el mismo camino, una ruta de 700 kilómetros en total. No me imagino durante todo el regreso cómo iba Elías, tal vez luchaba con ese miedo que batallaba contra su mente: si en el camino se encontraría a Jezabel.

Dios, como buen papá, siempre estará contigo. Pero no tomará decisiones por ti sobre los miedos. De aquello que huiste, regresar por el camino y enfrentarlo como viene te hará crecer. No hay atajos ni caminos *online*. Para vencer el miedo hay solo un camino corto: la línea recta de la confrontación.

MI MAYOR TEMOR

Un domingo por la mañana, por fin llegamos a RÍO Sur. Veníamos del hospital porque mi cuñado Pablo había sido intervenido. Después de casi ocho horas de cirugía nos reportaron los médicos que había salido bien y que teníamos que esperar las cruciales 72 horas. Justo cuando estaba enseñando, me llegó un mensaje por celular: Pablo se estaba desangrando. Corrimos al hospital. Nunca en mi vida había sentido tal sensación. Era un miedo tan grande que no me dejaba pensar, ni hablar; lo podía sentir tan fuerte que no deseo jamás volver a sentir algo así.

Yo había enseñado muchas veces que el temor paraliza; pero hasta ese día pude vivirlo realmente, es un sentimiento horrible. Toda la noche estuvimos a la espera de la respuesta de los doctores. Después supimos que lo más seguro es que por aquellas horas, Pablo ya no tenía ninguna esperanza de vida, y solamente lo mantuvieron con un respirador el tiempo que le restaba.

Amigo, el miedo es real, el miedo paraliza, destruye y confunde. Recuerdo que en esas horas mi mente se llenaba de diversos pensamientos que jamás habían venido a mí, sentimientos de enojo e incluso de renuncia ante lo que estábamos viviendo. Sin embargo, en medio de esa gran tragedia, el Salmo 23 me confortó en mí realidad.

Aunque ande en valle de sombra de muerte,
No temeré mal alguno, porque tú estarás conmigo;
Tu vara y tu cayado me infundirán aliento.
(Salmos 23:4)

La paz de Dios se puede sentir cuando confiamos en Él; cuando descansamos en sus palabras. Al momento que escribo este libro, solo ha pasado un año de la partida de Pablo, y lo extraño como el primer momento. Aún lloro su partida.

En medio de todo, estamos de pie. Mi familia, mi hermana y sus hijos estamos firmes. No ha sido fácil, esa sensación de miedo es horrible. Pero allí está Dios, quien es mucho más grande que cualquier temor.   Por eso hoy puedo afirmar: el miedo es real y horrible, pero también la fe es real y poderosa.

ENTRE CAUCES

+ ¿Has visto películas de terror? ¿Te has dado cuenta de que juegan con nosotros con lo que va a suceder, pero que todavía no sucede? Los violines tipo "El Resplandor" chillan, pero aún no pasa nada. Sin embargo, el miedo nos tiene presos. ¿Por qué?

+ Ahora trasmuta esa experiencia a la realidad de hoy. ¿Por qué tales circunstancias te tienen hoy tan temeroso? ¿Qué ocurre en ti antes de que las cosas sucedan?

+ Si el terror, el miedo, siempre está asociado con lo obscuro o lo diabólico de las cosas, ¿cuál debiera ser el arma, por oposición, más poderosa para confrontarlo en cualquier circunstancia?

+ Si a estas alturas conoces en qué miedos te encuentras atrapado, ¿qué haces ahí? ¿Qué o cómo debes ahora enfrentarlos para tomar el camino de regreso al enfoque, a la paz?

_____

_____

_____

_____

_____

_____

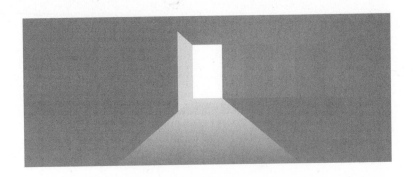

"RENUNCIAR DUELE,
PERO BIEN PUEDE SER LO
MEJOR PARA TI."

Día 7

LA RENUNCIA

BAJO LA COBERTURA DE LA DIRECCIÓN DE DIOS

Más bien, hemos renunciado a todo lo vergonzoso
que se hace a escondidas;
no actuamos con engaño ni torcemos la palabra de Dios.
—2 Corintios 4:2, NVI

—Licenciado Efrén, tiene una llamada del secretario Guajardo — me comunicó mi asistente.

—A sus órdenes, secretario.

—Efrén, prepara tus cosas, nos vamos a Washington.

De inmediato fui a mi casa, tomé una maleta que normalmente tenía para esos viajes muy rápidos que realizábamos, y me fui corriendo al aeropuerto. Camino a DC sabía que se trataba de una reunión histórica, donde ni más ni menos se definiría el rumbo del Tratado de Libre de Comercio entre México, Estados Unidos y Canadá (hoy T-MEC). Fueron días de mucha tensión, horas de negociación; a veces pensábamos que ya se había logrado y de repente ya no, pero al final se concretaron los acuerdos, el Tratado iba viento en popa. Tuve la oportunidad, a mis treinta años, de ser parte del equipo cercano al secretario de Economía de México en el sexenio del expresidente Enrique Peña Nieto; era uno de mis grandes sueños, y lo logré. Viajamos prácticamente a toda la República Mexicana, conocí ciudades que ni siquiera sabía que existían. Sin duda, ha sido una de las mejores experiencias de mi vida.

Yo tenía varias responsabilidades, entre ellas coordinar todos los eventos y giras del secretario, además de eventos presidenciales. Conocí más de cerca al presidente de mi país, y pude darme cuenta tan solo un poco de la gran responsabilidad que estos personajes cargan sobre sus hombros junto a sus gabinetes y equipos.

Uno debe caminar con personas clave.

Grandes sucesos históricos me tocaron vivir en ese tiempo, como fue la elección del presidente de los Estados Unidos. Todo parecía que Hillary Clinton sería la próxima ganadora, o en la oficina estábamos convencidos de que así sería. Sin embargo, un hombre que parecía ser al principio un candidato más, empezó a realizar una campaña fuera de serie, aun cuando en muchas ocasiones parecía ofensivo hacia ciertos grupos y países, entre ellos México. Por ello, yo no estaba a favor de que él ganara; pero nuestra gran sorpresa era que cada vez que se acercaba más el día de la elección, la realidad era otra: Donald Trump sería, a la postre, el hombre más importante del mundo. Logró ser presidente de los Estados Unidos de América.

En la política aprendí que necesitas de un equipo leal para poder avanzar. Por supuesto que hay muchas traiciones y engaños, como lo ejemplifican en la serie *House of Cards*. Con frecuencia me preguntan si es bueno o no estar en esos lugares, y mi consejo es que más bien uno debe caminar con personas clave. Siempre estaré agradecido de haber estado junto a un hombre de la talla del secretario Ildefonso Guajardo y de su gran equipo, personas leales y capaces para ejercer semejantes responsabilidades.

Aquellos días eran de mucho estrés. Además del trabajo en el gobierno, junto con Michelle y mis padres liderábamos la Iglesia RÍO, en donde, por fortuna, estábamos experimentando un crecimiento muy bonito, estábamos abriendo más sedes, y ya contábamos más de diez. A la par, producíamos el evento *Makers*, que ya había cobrado otras dimensiones, pues ya no solamente era una conferencia local en Ciudad de México (en la Arena Ciudad de México). sino nacional.

Mi mamá también trabajaba en la política, era diputada constituyente; y mi papá estaba pasando por una enfermedad que no le permitía tener tanto estrés y trabajo, así es que cada vez Michelle y yo cargábamos más con toda la responsabilidad. Mi esposa y yo decidimos hacer un viaje de descanso para recargar pilas.

Conocíamos la iglesia *Elevation* en Charlotte, Carolina del Norte, y creímos que era el lugar idóneo para tomar un pequeño *break* y a la vez recibir apoyo espiritual. Jamás me imaginé que ese viaje nos marcaría por completo para los próximos años. Hubo un momento en donde claramente mi esposa y yo sentimos lo mismo: que era necesario reducir la carga de trabajo. Las vidas a tope que estábamos llevando ya no eran algo sano, ni mental, ni física, ni emocionalmente. ¡Estábamos muy agotados!

Tuve que renunciar a mis sueños personales en la diplomacia. No fue fácil, lo confieso; pero tenía la convicción de que era necesario. Recuerdo la noche en que llegué del trabajo y le dije a Michelle que ya había renunciado; obviamente yo estaba llorando porque no había sido fácil. Mi esposa, con gentileza y empatía, me apoyó. Entonces oramos y me expresó: "Siempre te respaldaré en las decisiones que tomemos". El secretario Guajardo entendió la situación que estaba atravesando y su apoyo fue vital para poder tener una salida buena y respetuosa. Gracias por todo, señor secretario.

Renunciar a aquello por lo que has luchado por años duele, y duele bastante. Hay dos tipos de renuncia: 1) aquella en donde, aunque no estás haciendo algo incorrecto, es algo bueno porque otro deber te llama (mi caso); y 2) donde debes renunciar a las cosas que te están dañando evidentemente (personas, lugares incorrectos, pensamientos, proyectos).

Debes estar completamente seguro de que vas a renunciar a algo bueno por una responsabilidad mejor y mayor.

En el primer caso, muchas veces no puedes tener todo en la vida, y es complicado decidir por algo, pero es necesario. Para este tipo de renuncia es conveniente pedir puntos de vista de otros, de personas que te conocen bien. Yo tomé esta decisión consultando a mis padres, pastores y esposa. Debes estar completamente seguro de que vas a renunciar a algo bueno por una responsabilidad mejor y mayor, como la familia, o algo ministerial o empresarial.

Este primer tipo de renuncia me recuerda a José, el padre de Jesús, un hombre que tenía un sueño de tener una familia con María, con quien se había comprometido. No era algo malo, al contrario, estaban haciendo bien las cosas. Sin embargo, de repente Dios le cambió los planes, y ahora ellos serían los responsables de guiar a Jesús, un hijo no planeado ni engendrado por José, quien tuvo que renunciar a su sueño personal por una responsabilidad que en ese momento se le estaba demandando. Al paso del tiempo, no solamente José pudo tener una familia, sino que fue recompensado en gran manera, pues su hijo era el hombre que iba a partir la historia en dos, ni más ni menos.

Si Dios te pide que renuncies a algo que es bueno, es porque Él ya vio la película completa y te recompensará por tu obediencia.

¿Me preguntas si quisiera regresar a la política o a ejercer un cargo público? Te diría que sí, porque me gusta demasiado, y creo que puedo aportar mucho para mi país. Mientras tanto, me seguiré preparando para cuando llegue el momento. Así es que hoy me dedico con excelencia y empeño a hacer lo que me toca hacer, me preparo constantemente, y Él se encargará de lo demás.

> **Si Dios te pide que renuncies a algo que es bueno, es porque Él ya vio la película completa y te recompensará por tu obediencia.**

En el segundo caso, *no debes esperar mucho tiempo para renunciar a lo que es evidente que te está haciendo daño.* Cuanto más lo alargues será más difícil que lo hagas, ya que son apegos y vicios que se han hecho necesarios en tu vida. La Biblia enfatiza sobre un principio a través del siguiente pasaje:

> *Más bien, hemos renunciado a todo lo vergonzoso que se hace a escondidas; no actuamos con engaño ni torcemos la palabra de Dios. Al contrario, mediante la clara exposición de la verdad, nos recomendamos a toda conciencia humana en la presencia de Dios.*   (2 Corintios 4:2, NVI)

¿Cómo identificar el segundo tipo de renuncia? Es muy fácil: si es algo que estás haciendo y lo ocultas, lo que sea, debes renunciar.

No hay mayor poder que decidirse por la verdad de Dios.

No se trata de justificar bajo la sombrilla de nuestra propia opinión, sino entre el marco de la opinión de Dios, conforme a su Palabra. Este versículo aun enseña que no debes adecuar la Palabra de Dios para justificar tu voluntad. Es importante leer bien la Biblia, así que busca un mentor o un pastor que te ayude a entender el carácter de Dios sobre los principios cruciales de la vida. Si somos honestos con nosotros mismos, sabemos bien a lo que debemos renunciar y que por principio no hay manera de justificarlo con la Biblia. Por tanto, actuemos en obediencia. Renuncia. No hay mayor poder que decidirse por la verdad de Dios.

ENTRE CAUCES

Renunciar puede no ser una palabra tan dura cuando se decide ir por algo mejor.

+ ¿Has renunciado a algo?

+ ¿Qué valor tenía para ti?

+ ¿Lo cambiaste por algo?

+ ¿Fue de mayor o menor valor?

+ ¿Te produjo satisfacción o tristeza?

+ ¿Sigue presente en tu mente aquello a lo que renunciaste? Si tu respuesta es sí, busca en la Biblia Filipenses 2:5-11 y aprende de las bondades que tuvo en Jesús renunciar (despojarse a sí mismo) a su forma de Dios (tan solo por un breve tiempo), para ser uno como nosotros; y la forma en la que Dios Padre lo recompensó para la eternidad.

_____

_____

_____

_____

_____

_____

"DIOS NO ES DUDA,

NOSOTROS GENERAMOS LA DUDA."

Día 8

LA DUDA

ACÉRCATE A LA ROCA

Pon toda tu confianza en Dios y no en lo mucho que sabes.
—Proverbios 3:5, TLA

El Dios que hizo algo por ti ayer, está haciendo algo hoy, y hará algo mañana, porque Él es el mismo ayer, hoy y por todos los siglos (ver Hebreos 13:8). Él no cambia. Creer en este fundamento bíblico no debería dar espacio para la duda.

La verdad es que en la práctica depositamos nuestra confianza en todo, menos en el Todopoderoso. El dinero, el abogado, los amigos tienen toda nuestra atención y confianza. Ante el temor y reto nacional del COVID-19, es de resaltar cómo un gran número de ciudadanos depositaron toda su confianza y esperanzas de vida en una persona, el epidemiólogo y Subsecretario de Salud, Hugo López-Gatell. Al respecto, escribe Raymundo Riva Palacio:

"López-Gatell, comunicador articulado y estructurado, ha ido construyendo una gran confianza con la ciudadanía, cuya mayoría lo tiene en alta estima".[4] Así se volvieron noticia, comentario y meme (y hasta *rockstar*) las frases y figura del doctor López-Gatell. Bueno, hasta la frase negativa dicha en el peor momento y por el medio más popular, que es la televisión, por parte del conductor de noticias Javier Alatorre: "Ya no le haga caso a Hugo López-Gatell", fue causa de linchamiento nacional para TV Azteca. De ese nivel estaba puesta la confianza en un funcionario público, algo nunca visto en nuestro país.

La reflexión es que *le estamos dando espacio a personas y cosas que en determinado momento pueden fallar, y en el momento que esto sucede, entonces la duda y la desesperanza nos asaltan.* No digo que esté mal confiar en la gente o en algo, lo que quiero decir es que no perdamos la perspectiva de poner nuestra confianza en lo humano y finito como nosotros. Por ello, es necesario tener a alguien que nunca falle, que cuando alguien a nuestro alrededor lo haga, sepamos que estamos afianzados en otro lado, en la roca, Cristo, que estará ahí para levantarnos, animarnos y respaldarnos.

> *Júzgame, oh, Jehová, porque yo en mi integridad he andado;*
> *He confiado asimismo en Jehová sin titubear.*
>
> (Salmos 26:1)

¿Cómo la duda se apodera de nosotros? De una forma tan sutil que no nos damos cuenta hasta que empezamos a ver ciertas consecuencias. Resulta interesante que un sinónimo de duda es indecisión, de manera que si no se toman decisiones es porque se está dudando. He lidiado en muchas ocasiones con personas

---

4. Consulta en línea. https://www.ejecentral.com.mx/estrictamente-personal-el-miedo-a-las-palabras/revisado el 18 de mayo de 2020.

que dicen no tener dudas en su vida, pero nunca toman una decisión. Es incongruente, ¿no lo crees? Esto es porque no hay solidez en los pensamientos de aquella persona. Pero *la fe es convicción, y la fe en Cristo es solidez sobre la roca.* Si hay fe en mí, soy un hombre de decisiones, de confianza-acción, una ecuación donde no tiene cabida la indecisión.

En la carta a los Hebreos se nos da una visita guiada al salón de la fama de aquellos que creyeron, que tuvieron confianza y tomaron decisiones dejando la duda atrás. Es el connotado relato al que se ha llamado "de los héroes de la fe". Cada uno de los personajes que allí se exponen marcaron la historia. Es fuera de toda razón conocer su acto de confianza, saber cómo actuaron contra toda esperanza o lógica elemental. Adentrarme en ellos es... basta, ¡soy su fan! Esto se afirma de ellos:

> *¿Y qué más digo? Porque el tiempo me faltaría contando de Gedeón, de Barac, de Sansón, de Jefté, de David, así como de Samuel y de los profetas; que por fe conquistaron reinos, hicieron justicia, alcanzaron promesas, taparon bocas de leones, apagaron fuegos impetuosos, evitaron filo de espada, sacaron fuerzas de debilidad, se hicieron fuertes en batallas, pusieron en fuga ejércitos extranjeros.* (Hebreos 11:32-34)

> **Si hay fe en mí, soy un hombre de decisiones, de confianza-acción, una ecuación donde no tiene cabida la indecisión.**

He leído las historias de cada uno de los que aparecen allí, Noé, Abraham, Sara, y otros en muchas ocasiones, y cada vez que lo hago lo disfruto demasiado. Hay un común denominador que encuentro en todos ellos: tomar acción. La fe trae consigo acción. ¿Alguna vez habrá entrado la duda en ellos? ¡Claro que sí! Eran hombres comunes, pero que creyeron de forma no común para tomar acciones fuera de la lógica común:

Fe-acción es una fórmula de decisión que no falla.

+ Noé creyó que sucedería algo que jamás se había visto, y construyó un arca.
+ Abraham creyó sin saber a dónde iba, e hizo maletas.
+ Sara, siendo estéril, creyó en la promesa de un hijo, y concibió.
+ Moisés creyó en el Invisible, y dejó Egipto.

Fe-acción es una fórmula de decisión que no falla. Ellos no permitieron que la duda ganara terreno.

MOMENTO PARA HACER REALIDAD LA FE

Hacer un evento en la Arena Ciudad de México requiere tener anticipación. Es un foro que se debe apartar con más de un año de antelación. Durante una plática con mi pastor, Cash Luna, surgió de él la idea de hacer la conferencia *Makers* junto a otro evento que se llama "Noches de Gloria". Siendo sincero, no lo vi muy viable porque las fechas en la Arena son muy escasas; sin embargo, me pareció una idea única, que de concretarse sería algo histórico.

Al paso de los días hice las llamadas necesarias y ¡obtuve disponibilidad!, donde se concatenaba la agenda de mi pastor con la disponibilidad del recinto. Pero había un pequeño problema: ¡debía hacerse en dos meses y medio! Por un lado, pensaba que era imposible producir dos eventos tan grandes en tan poco tiempo; pero, por otro lado, mi fe me dictaba que era posible. ¿A quién hacerle caso? Sé que has pasado por momentos así, pero un proverbio fue un factor clave para yo tomar la decisión:

Pon toda tu confianza en Dios y no en lo mucho que sabes.

(Proverbios 3:5, TLA)

Soy una persona con la preparación suficiente que me hace siempre considerar la información para tomar decisiones. De manera que hablé con mi equipo, pedí su opinión, y todos estuvimos de acuerdo en que haríamos ese reto de fe. Pusimos manos a la obra. Al hacer una evaluación con el equipo dos semanas antes el evento, lo que había era esto:

+ La junta fue un domingo por la tarde. Yo había acabado de dar cuatro conferencias ese día, estaba cansado.

+ Tenía gran preocupación porque faltaban por cubrir dos millones de pesos.

+ La respuesta de la gente a la convocatoria era buena, pero era un reto gigantesco y el tiempo ya estaba encima.

Recuerdo que subí a la oficina y mi razón me decía que no lo íbamos a lograr. Una frase de mi pastor contrastaba con mi realidad:

"Cuando la razón te abandona, es tiempo de usar tu fe". —Cash Luna

Ese era el momento de vivir la fe que yo tanto enseñaba; era momento de que esas historias apasionantes fueran una realidad en mí. Y así fue. Nunca olvidaré lo que sucedió aquellos dos días de *Makers* y "Noches de Gloria". Ha sido una de las mejores experiencias de mi vida... ¡y se cubrieron los gastos! Lo mejor fue la cantidad de testimonios de vidas transformadas que presenciamos. Fue, entonces, que entendí que los milagros no suceden por lo que sabemos, sino por lo que creemos y hacemos.

No dudes, porque más allá de la seguridad de los datos, está Dios.

> **Los milagros no suceden por lo que sabemos, sino por lo que creemos y hacemos.**

ENTRE CAUCES

+ ¿Cuál ha sido el mayor reto de tu vida?

+ ¿Cuál ha sido el momento de mayor duda que has tenido?

+ En ese momento de mayor duda, ¿de qué información disponías?

+ ¿La información te animaba a decidir o a echarte para atrás?

+ Piensa en tres retos (personales, de familia, profesionales, de disciplina, de educación, de relaciones, o un mix de ellos); escribe toda la información de la que dispones. Ora sobre cada punto. Ora por la duda que sientes. Luego, pon una fecha límite en la que deberás tomar una decisión. Sube una foto tuya en Instagram donde muestres en un letrero la fecha límite. El letrero debe decir:

Efrén: (y la fecha). Entremos en contacto a través de mi Instagram y creemos juntos a Dios. Estaré orando por ti.

_____

_____

_____

_____

_____

_____

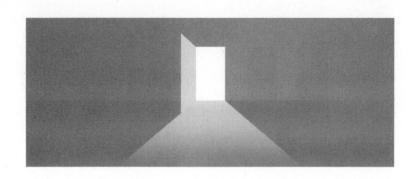

*"LA MEDIOCRIDAD Y
LA EXCELENCIA NO PUEDEN OCUPAR
EL MISMO ESPACIO EN LA VIDA."*

Día 9

LA MEDIOCRIDAD

NO TE ACOMODES, CAMINA HACIA LA PROFUNDIDAD

Y a cualquiera que te obligue a llevar carga por una milla,
ve con él dos.
—Mateo 5:41

Sabías que en las primeras monedas españolas figuraban las palabras *"NE PLUS ULTRA"*, cuyo significado es "No hay más". Esto lo hicieron así porque pensaban que ya habían conquistado toda la tierra y no había más. Hoy sabemos que esto no era verdad y que aún faltaba demasiado por descubrir; sin embargo, tristemente muchos así lo creían. Fue tal la convicción de los españoles que esculpieron en sus monedas semejante declaración.

Hay personas hoy día que han grabado en sus corazones la misma afirmación, y creen que ya no hay más por vivir; que ya no hay terrenos que conquistar. Se han quedado sin razón para vivir más. Si así fuera, Fernando de Magallanes no hubiera llegado a Oceanía, o Elcano a África (y con estos viajes de ambos, de paso comprobar que la Tierra es redonda); o Francisco Pizarro no hubiera descubierto el Perú. En otras palabras, si no hubiera habido más, Europa prácticamente no hubiera migrado a América. ¡Sí había más por conquistar!

Donde estás ahora, y donde la pandemia te haya dejado, hay todavía mucho camino por andar. Tenemos una vida por vivir. ¿Qué planes y proyectos tenías antes del distanciamiento social? ¿Dónde están ahora? ¿Qué ha cambiado? Según los analistas, desde distintas trincheras, dicen que muchas cosas van a cambiar con la famosa "nueva normalidad"; pero Dios es el mismo antes del COVID-19 y después del coronavirus. Ahora, solo es cuestión de que le quites dos letras a lo que los españoles pusieron en sus monedas. Quita "*NE*", porque todavía "HAY MÁS".

> **Dios es el mismo antes del COVID-19 y después del coronavirus.**

Llegar por primera vez al TEC de Monterrey fue impresionante. Sus instalaciones, las aulas, los jardines, las áreas recreativas, todo era de primer nivel. Estábamos en el curso propedéutico, a unos días de entrar a clases; yo tenía 16 años. Nos llevaron a una terraza, y cuando entré me topé con un bufé con bastantes elementos para hacer un sándwich, nos dieron únicamente dos panes y nos dijeron, "ahora ustedes se van a preparar el sándwich que deseen".

Al terminar la actividad, vimos diferentes tipos de sándwiches, algunos muy delgados y otros a reventar de ingredientes. Esto va más allá de un sándwich; fue una enseñanza que impactó mi vida. Nos dijeron: "En este colegio ustedes van a tener muchísimos recursos para ponerles a sus vidas, no solamente las clases educativas, sino que tendrán actividades recreativas, culturales, deportivas, artísticas, sociales, académicas. Si ustedes solamente se quieren quedar con sus clases e irse a casa, está bien, pero siempre recordarán que había *más* para ustedes".

Puedes andar por la vida, incluso salir del confinamiento, y creer que ha sido todo, pero debes saber que no es así. Esta misma enseñanza la di años después ante los miembros de la iglesia RÍO, porque estoy completamente seguro de que en Dios es así: Él siempre va a tener más para nosotros, para ti. La decisión está en qué tipo de sándwich convertirás tu vida.

Años después, estudiando en la Universidad de Harvard, gracias a que tuve la oportunidad de hacer mi maestría en conjunto con una de las mejores universidades del mundo, estaba a momentos de dar una exposición en el lugar preciso donde han dado los discursos diferentes presidentes del mundo. ¿Cómo es que llegué a este lugar?, me preguntaba con entusiasmo en mi interior. La respuesta fue: por un sándwich.

La excelencia es lo extraordinario, es excederse, ir más allá.

¡No te rías! Aquella dinámica del sándwich es una gran enseñanza, porque todavía no he finalizado mi camino, me falta añadir muchos elementos más, porque *en Dios siempre hay más*. Los días en Harvard eran muy diferentes al TEC. Recibíamos clases de casi nueve horas diarias y estudiábamos otras nueve, dormíamos muy poco. Entonces aprendí que la excelencia cuesta mucho, es seguir estudiando mientras otros están descansando, es investigar mientras otros están jugando, es escribir mientras otros están viendo películas.

La excelencia es lo extraordinario, es excederse, ir más allá. No creas que ya lo has alcanzado; no creas que todo ya ha terminado; cree que el mundo después del COVID-19 tiene mucho más, tiene mucha excelencia por delante para ti. *Excédete en buscar aquello que se quedó en planes, aquello que se quedó a medias, aquello que se quedó en sueño, aquello que hoy parece frustrado.*

Y a cualquiera que te obligue a llevar carga por una milla, ve con él dos. (Mateo 5:41)

¿En cuántos proyectos, trabajos o responsabilidades no has dado la milla extra? Si recuerdas alguno, es porque muy probablemente no fuiste excelente, no te excediste en lograr el resultado, fuiste mediocre. Excederse ante algo para lograrlo no debe ser consecuencia de que alguien lo pide o lo exige, sino que debe ser un estilo de vida. Cuando puedas cargar una milla, carga la segunda, ahí encontrarás la excelencia.

La mediocridad camina en lo superficial y lo ancho, la excelencia en las profundidades y en lo angosto.

Mediocridad es quedarse a medias en lo que se hace, como la palabra misma lo indica, es dar la mitad. No el sesenta, setenta, ochenta o incluso el noventa, sino ¡la mitad! Por tanto, la excelencia y la mediocridad no pueden ocupar el mismo espacio, solo puedes elegir una en la vida. La mediocridad camina en lo superficial y lo ancho, la excelencia en las profundidades y en lo angosto.

Entrad por la puerta estrecha; porque ancha es la puerta, y espacioso el camino que lleva a la perdición, y muchos son los que entran por ella; porque estrecha es la puerta, y

angosto el camino que lleva a la vida, y pocos son los que la
hallan.   (Mateo 7:13-14)

Esto me hace pensar: quedarse en una creencia porque
en esa crecí o fui enseñado, y no querer indagar ampliamente
sobre lo que Dios es y ofrece para el ser humano, es quedarse a
la mitad, o menos, de un camino de fe. Aun, juzgar a Dios por
lo que se ha escuchado, pero nunca porque se han obtenido los
argumentos suficientes en contra, es también un camino intelectual a medias, es mediocridad.

Hallar la vida, en el sentido correcto y más amplio posible, es
haber encontrado a Dios y los planes que tiene para ti. Buscar a Dios
es ir más allá intelectual y espiritualmente, y lo encontrarás.

La mediocridad te hace pasar desapercibido; la excelencia, que trasciendas.

Cada vez que leo los personajes que marcaron la historia
encuentro un común denominador: ellos dieron todo de sí y no
se quedaron con nada. Así lo hizo Jesús, Él decidió dar su vida
completa, entregó cuerpo y espíritu, no se quedó con nada, con-
sumó el plan de salvación, no fue mediocre, en cada área se exce-
dió, probó y tocó la excelencia. Y por ello, hasta el día de hoy
seguimos hablando y viviendo lo que Él enseñó. La mediocridad
te hace pasar desapercibido; la excelencia, que trasciendas.

"Si estás dispuesto a hacer solo lo que sea fácil, la vida
será dura. Pero si estás dispuesto a hacer lo que sea duro,
la vida será fácil".   —T. Harv Eker

Nunca he visto que la incomodidad haya matado a alguien, pero la comodidad sí ha matado sueños, proyectos e ideas. ¡No te acomodes!

Admiro a todos los equipos de trabajo con los que hoy cuento en mi vida y que han caminado conmigo a través de los años. La excelencia también se alcanza con el tiempo, el trabajo y los procesos, y juntos la hemos alcanzado en diferentes etapas, con cada uno, durante dos décadas. Afronta lo que venga por delante allegándote de equipos de excelencia; o forma parte de alguno en otros proyectos, eso te hará tomar experiencia y crecer. Deja atrás la mediocridad, no te quedes a medio camino, descubre nuevos horizontes, termina el plan de navegación. No salgas de casa tal y como te encerraste por la pandemia.

Ese tiempo, en realidad, fue una prueba para demostrar realmente de qué estamos hechos. Así que *es cuestión de decisión: mediocridad o excelencia*. Aún falta por terminar el sándwich de tu vida; hay mucho más con qué aderezar, y nadie lo hará por ti. Solo tú puedes elegir los ingredientes. Algunos te dirán que es demasiado, otros que está muy grande, pero no hagas caso, es tuyo, es tu historia de vida, donde lo triste será que te quedes con un sándwich flaco, sin sabor. Siempre hay más.

ENTRE CAUCES

Existen unas libretas "de escritor" o "de escritura" (así las llaman), y las puedes encontrar en su forma clásica de pasta dura de cartón, en color negro, como también en una pléyade de diseño en sus pastas: colores, estampados, de piel, con jareta, etc.; estas sirven para, precisamente, escribir grandes historias.

Adquiere una, será tu sándwich, al que nadie puede meterle mano más que tú. En esta libreta comienza a escribir día a día las experiencias vividas significativas o de enseñanza por las que has pasado, lo que aprendiste de ellas, también las acciones que puedes tomar en diversas áreas como una forma de llevar a la acción lo aprendido, las cosas que necesitas planear y hacer para desarrollar nuevos planes, o incluso para salir del bache en el cual el encierro te haya metido... Escribe deseos y acciones.

La idea es que esa libreta, tu sándwich, se convierta en tu hoja de ruta que te lleve hacia nuevos sitios. Por tanto, escribe en positivo. Es para ir hacia adelante, hacia la excelencia, y no para atrás, en negativo, hacia la mediocridad. Lleva tu sándwich a donde quiera que vayas. Compárteme tu experiencia.

_____

_____

_____

_____

_____

_____

"NO ES DEL TODO TU CULPA SI TE
PERDISTE FINANCIERAMENTE,
PERO SÍ LO SERÁ SI NO HACES
NADA SOBRE ELLO
Y CONTINÚAS PERDIDO."

Día 10

EL DESASTRE

EMPIEZA A ADMINISTRAR, O ADMINISTRARÁS EL DESASTRE

Hay camino que al hombre le parece derecho;
pero su fin es camino de muerte.
—Proverbios 14:12

Quiero compartirte algo que ha marcado mi vida por años: los principios nos rigen, aunque nosotros no los conozcamos; los entendamos o no, creamos en ellos o no, nos gusten o no. Si logramos entender esta verdad nos ahorraremos dudas, confusiones e incluso discusiones. En resumen, los principios no fallan.

Un gran porcentaje de la población de América vive al borde del desastre financiero, gastan todo su salario, no ahorran nada, no tienen un margen de ganancia y ni siquiera un poco de dinero seguro en sus casas. ¿Cómo estás tú?

Esta pandemia nos enseñó mucho sobre la vida financiera, y una de las grandes enseñanzas fue que no podemos vivir al día, necesitamos un plan de ahorro e inversión, una administración correcta, diversificar nuestros ingresos. Sin embargo, me encuentro a miles de personas que no hacen caso a los principios, los ignoran, no creen en ellos, sacan sus propias conclusiones y creen que están bien, tal y como lo explica el siguiente proverbio:

Hay camino que al hombre le parece derecho; pero su fin es camino de muerte.   (Proverbios 14:12)

Necesitamos un plan de ahorro e inversión, una administración correcta.

¿Cómo sé que vas en el camino incorrecto?

+ Si gastas más de lo que ganas en todo el año.

+ Si no sabes si estás gastando más de lo que ganas en todo el año.

+ Si no te importa que estés gastando más de lo que ganas en todo el año.

+ Si no tienes un método para darte cuenta en qué estás gastando tu dinero.

+ Si tu idea de disciplina financiera es llegar al cajero y sacar uno que otro día 500 pesos (US$24.63).

+ Si tu idea es que la planificación financiera es gastar todo lo que está en tu cuenta bancaria.

+ Si estás tomando decisiones de dinero esperando que tu cónyuge nunca se entere.

Cuando no tienes la menor seguridad de dónde estás en tu estado financiero, de hacia dónde te diriges en este aspecto, o de cómo o cuándo llegarás a determinado objetivo, lo más seguro es que estás camino al desastre financiero.

El avisado ve el mal y se esconde; mas los simples pasan y llevan el daño.   (Proverbios 27:12)

La afirmación por todos lados es que el mundo no será igual después de la crisis mundial sanitaria del COVID-19, por lo tanto, tu forma de manejar las finanzas tampoco puede seguir igual. Es tiempo de hacerle caso a los principios básicos de la prevención financiera que funcionan con o sin crisis. No es del todo tu culpa si te perdiste financieramente, pero sí lo será si no haces nada sobre ello y continúas perdido. Si no te gusta en dónde te encuentras, si estás en o hacia el camino del desastre financiero, ¡debes cambiar de dirección! Tu dirección determina tu destino.

Tu dirección determina tu destino.

¿QUÉ LE DIRÍAS AL JOVEN?

Porque mirando yo por la ventana de mi casa,
Por mi celosía,

Vi entre los simples,
Consideré entre los jóvenes,
A un joven falto de entendimiento,

El cual pasaba por la calle, junto a la esquina,
E iba camino a la casa de ella,

A la tarde del día, cuando ya oscurecía,
En la oscuridad y tinieblas de la noche.

Cuando he aquí, una mujer le sale al encuentro,
Con atavío de ramera y astuta de corazón.

Alborotadora y rencillosa,
Sus pies no pueden estar en casa;

Unas veces está en la calle, otras veces en las plazas,
Acechando por todas las esquinas.

Se asió de él, y le besó.
Con semblante descarado le dijo:

Sacrificios de paz había prometido,
Hoy he pagado mis votos;

Por tanto, he salido a encontrarte,
Buscando diligentemente tu rostro, y te he hallado.

He adornado mi cama con colchas
Recamadas con cordoncillo de Egipto;

He perfumado mi cámara
Con mirra, áloes y canela.

Ven, embriaguémonos de amores hasta la mañana;
Alegrémonos en amores.

Porque el marido no está en casa;
Se ha ido a un largo viaje.

La bolsa de dinero llevó en su mano;
El día señalado volverá a su casa.

Lo rindió con la suavidad de sus muchas palabras,
Le obligó con la zalamería de sus labios.

Al punto se marchó tras ella,
Como va el buey al degolladero,
Y como el necio a las prisiones para ser castigado;

Como el ave que se apresura a la red,
Y no sabe que es contra su vida,
Hasta que la saeta traspasa su corazón.

(Proverbios 7:6-23)

Estoy seguro que mientras estabas leyendo esto, dentro de ti estabas gritando ¡Detente! ¡No lo hagas! ¡Es un engaño! ¡Vas camino al desastre en tu vida! De forma muy clara se ve que el joven de esta historia va hacia el camino equivocado. Reflexionemos: no importa si antes has hecho buenas acciones; lo que importa es el momento en el cual estás hoy. Dentro de las muchas frases que me encantan de esta historia, está:

Y no sabe que es contra su vida,
Hasta que la saeta traspasa su corazón.

Ir camino al desastre financiero es similar a esta historia: lo tenemos enfrente, lo estamos viendo, pero no hacemos caso; ignoramos las evidencias y aun nos justificamos. Ante esto, solamente queda una salida prudente para el joven o para cualquiera de nosotros en tales circunstancias, y es *cambiar de dirección*. Cuántas veces hemos visto a miembros de nuestra familia o amigos dirigiéndose al camino incorrecto, por ejemplo, terminar en la quiebra; y simplemente no cambiaron de dirección cuando quizá pudieron hacerlo.

¿Deberías poner atención si en tu matrimonio hay caos cuando estás consumiendo cada peso de tu salario y no ahorrando nada para el próximo imprevisto?

¿Deberías estar sorprendido si no puedes dormir en la noche porque estás preocupado por no tener suficiente dinero para hacer los pagos mínimos?

Nadie busca intencionalmente su desastre financiero; tal vez no es esa tu intención, pero la dirección que tomas determina tu destino, no hay más. Así que si no te gusta dónde te encuentras, si estás al borde del desastre financiero, ¡cambia de dirección!, da un giro de 180 grados, identifica y rompe hábitos financieros destructivos. Por ejemplo:

+ gastos hormiga;

+ no hacer un presupuesto;

+ complacerte constantemente comprándote todo lo que te gusta;

+ usar la tarjeta de crédito como extensión de tu ingreso;

+ no ahorrar;

...por mencionar algunos. Identifica y ejecuta, no te quedes en la intención.

Te comparto 10 principios financieros que hace años di en una conferencia y que te ayudarán a comenzar a cambiar de dirección:

1. Tus ingresos pueden crecer únicamente hasta donde crezcas tú.

2. La razón número uno por la que la mayoría de la gente no obtiene lo que quiere, es porque no sabe lo que quiere.

3. La verdadera medida de la riqueza es la fortuna neta, no los ingresos del trabajo.

4. Aquello en lo que te centras, se expande.

5. Al que mejor invierte su dinero, más se le dará (aplicación de la parábola de los talentos enseñada por Jesús).

6. Para dominar el dinero, antes debes administrarlo.

7. Cuando me sobre el dinero comenzaré a administrarlo, la realidad es: cuando comiences a administrarlo, te sobrará el dinero.

8. El hábito de administrar tu dinero es más importante que la cantidad.

9. No se trata solo de lo que entra (cantidad), lo importante es lo que haces con el ingreso (administración): o controlas el dinero, o este te controlará a ti.

10. El dinero constituye una parte fundamental de la vida; si aprendes a tener tus finanzas bajo control, todas las áreas de tu vida mejorarán.

O controlas el dinero, o este te controlará a ti.

Ahora bien, se requiere de los administradores, que cada uno sea hallado fiel.   (1 Corintios 4:2)

Mi padre es un gran administrador, y soy afortunado en tenerlo cerca. Quiero decirte que administrar una congregación no es nada fácil, y más cuando por cerca de una década los ingresos son muy, pero muy pequeños, por lo que debes tener una administración casi perfecta. Crear estrategias y seguir procesos, proyectar y realizar los eventos (semanales y especiales), nos ha permitido no solamente mantener las finanzas en la iglesia, sino ser hoy una de las más representativas de nuestro país. Sé que se me ha dado la virtud de tener la capacidad de visionar lo que viene; pero si no fuera por el gran administrador que tengo a mi lado, no sé si estaríamos en este nivel.

Mi papá sabe cuánto ingresa durante el año, no permite gastar más de lo que ingresa, es un excelente ahorrador, por mi formación lo ayudo a tener inversiones, ambos entendemos el principio de la simplificación (crear un estilo de vida en el que se necesite menos dinero para vivir, porque reducir tu costo de vida permite aumentar tus ahorros y la cantidad de fondos disponibles para hacer una inversión). ¡Gracias, papá, por enseñarme una de las cosas más valiosas de esta vida!

Actualmente, mi esposa y yo tenemos un negocio propio en los Estados Unidos, rendimos cuentas y pagamos impuestos allá. A la vez, manejamos por más de diez años una fundación; también realizo conferencias en diversos seminarios, porque *he entendido el principio bíblico de la diversificación*. Si lees la vida de los patriarcas en el Antiguo Testamento, tenían por lo menos cuatro fuentes de ingresos. No pienses que debes empezar por algo muy grande, con las fuertes inversiones en un negocio, o con poner una oficina, o contratación de personal; todo lo que hoy es grande, empezó siendo algo pequeño. Lo importante, como dice mi pastor, Cash Luna, es hacerlo con excelencia. Hazlo bien y un día crecerá.

¿A Dios le preocupa el dinero? No; pero sí está preocupado por nosotros. Todo se trata de empezar a administrar, o de administrar el desastre. ¿En dónde te encuentras hoy?

ENTRE CAUCES

+ Ante la oferta de educación en línea existente, inscríbete a cursos de administración financiera. Los hay de todos niveles. Te servirán.

+ De igual modo, lee libros sobre el tema.

+ Haz una lista de tus ingresos constantes, haz una lista de tus egresos fijos, proyecta a futuro ingreso contra gastos ¡y comienza a hacer un presupuesto!

+ Identifica hábitos de consumo; escríbelos ¡y nunca vuelvas a ellos!, para que no te consuman todo tu dinero.

_____

_____

_____

_____

_____

_____

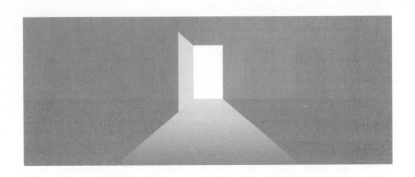

"CUANDO TE ESTÁS QUEJANDO TE CONVIERTES EN UN IMÁN VIVIENTE PARA LA DESGRACIA."

Día 11

LA QUEJA

MEJOR GOLPEA LA ROCA

*Camina con sabios y te harás sabio; júntate con
necios y te meterás en dificultades.*
—Proverbios 13:20, NTV

La queja es una necedad que nos hace poner nuestro enfoque en algo en particular y que no siempre es lo mejor. ¿Sabes que atraemos lo que pensamos y hablamos?

Quien se queja es un necio que no puede o no quiere cambiar su punto de vista. Por tanto, debemos cuidarnos de la queja y de la necedad. Proverbios 13:20 es muy claro al decir que las dificultades vienen a uno por convivir con la gente incorrecta. El que se junta con quejosos tiene una razón, y es que está esperando su turno para quejarse; no encuentro otra razón de más peso.

Y la queja es como la basura, se va acumulando, hasta llegar a un punto donde empieza a oler mal, luego a infectar. Ocurre todo lo contrario cuando no hay basura, sino limpieza y orden: hay salud. ¡Aléjate de la queja! ¡No existe ningún quejoso medianamente saludable!

A la gente le gusta quejarse para llamar la atención, lo cual lo hace un problema más agudo, que muestra necesidad de atención o incluso de amor. Observa la actitud de alguien que vive hablando mal y quejándose. Por lo regular no son personas que muestren felicidad, sino amargura. Vivir quejándose es degollarse emocional, espiritual y aun económicamente, pues *lo que hoy tienes en tu vida es producto del ambiente que has creado a tu alrededor.*

Es tiempo, entonces, de revertir el pensamiento y las intenciones profundas. Es tiempo de convertir la queja en *oportunidad*. Las personas ricas en espíritu se centran en las oportunidades; la gente pobre en espíritu se centra en la queja y los obstáculos. El sabio ve en las circunstancias crecimiento potencial; el quejoso solo ve pérdida.

> **Las personas ricas en espíritu se centran en las oportunidades; la gente pobre en espíritu se centra en la queja y los obstáculos.**

Abrazo una frase que me ha caracterizado por mucho tiempo, y es:

"Las oportunidades no se van, solamente cambian de dueño".

¿Cuántas oportunidades has perdido? Te invito a leer este relato sobre la formidable vida de Moisés y de cómo lidió con la queja.

Por orden del Señor, *toda la comunidad de Israel partió del desierto de Sin y anduvo de un lugar a otro. Finalmente acamparon en Refidim, pero allí no había agua para que el pueblo bebiera. Así que el pueblo volvió a quejarse contra Moisés:*

—¡Danos agua para beber! —reclamaron.

—¡Cállense! —respondió Moisés—. ¿Por qué se quejan contra mí? ¿Por qué ponen a prueba al Señor?

Pero ellos, atormentados por la sed, siguieron discutiendo con Moisés:

—¿Por qué nos sacaste de Egipto? ¿Quieres matarnos de sed a nosotros, a nuestros hijos y a nuestros animales?

Entonces Moisés clamó al Señor:

—¿Qué hago con este pueblo? ¡Están a punto de apedrearme!

El Señor *le dijo a Moisés:*

—Pasa por delante del pueblo; toma tu vara, la que usaste para golpear las aguas del Nilo, y llama a algunos ancianos de Israel para que te acompañen. Yo me pararé frente a ti sobre la roca, en el monte Sinaí. Golpea la roca, y saldrá agua a chorros. Entonces el pueblo podrá beber.

Así que Moisés golpeó la roca como se le indicó, y el agua brotó a chorros a la vista de los ancianos. Entonces Moisés llamó a aquel lugar Masá (que significa «prueba») y Meriba (que significa «discusión»), porque el pueblo de Israel discutió con Moisés y puso a prueba al Señor *diciendo: «¿Está o no el* Señor *aquí con nosotros?».*   (Éxodo 17:1-7, NTV)

¿Cuál fue el origen de la queja? La necesidad que tenían de tomar agua. Las necesidades son el ambiente perfecto que hace aflorar la queja y que esta se apodere de ti, por tanto, ten cuidado. Cuando nos quejamos por lo que no tenemos, lo único que provocamos es malestar interior, cansancio, estancamiento y retroceso.

En la historia que acabas de leer, fue Dios quien los llevó al desierto, no Moisés, ¡y estaban a punto de apedrearlo a él! Moisés solo fue el guía, un instrumento. La queja nos nubla la visión y nos conduce a achacar responsabilidades de lo que nos pasa a las personas equivocadas, cuando bien puede ser Dios quien nos lleva a determinadas situaciones con un propósito.

La queja constante por todo y contra todos hace perder la lógica de pensamiento. Llama la atención en el relato que aun atormentados por la sed, seguían quejándose. Esto rebasa todos los límites, pues en medio de angustia, dolor y desesperación por una necesidad vital de agua, estaban bloqueados sobre quién los había sustentado durante todo su desértico éxodo. Dios, no Moisés, los había rescatado de Egipto, pero en su queja dejaron de pensar en la esperanza de una nueva vida y se concentraron en la necesidad inmediata, perdiendo así toda esperanza de un futuro.

Quiero que pienses por un momento en la siguiente pregunta: ¿Moisés también tenía la misma necesidad? ¡Claro que sí! Incluso seguramente tenía más sed porque él era el líder. Entonces, ¿cuál fue la diferencia? Que Moisés no permitió que se le juntara la basura, la queja; decidió no enfocar mal y ser necio igual que el pueblo. Él decidió consultar a Dios.

Entonces, cada vez que sientas el deseo de quejarte, primero consulta a Dios sobre el asunto, habla con Él, y te aseguro que encontrarás alivio y respuestas. El agua en la piedra no brotó por el capricho del pueblo, sino por la obediencia de Moisés. ¿Te das cuenta el poder que tiene no ser quejoso como los demás? Dios no respondió a la queja del pueblo, sino a la obediencia de Moisés.

Partió las rocas en el desierto para darles agua como de un manantial burbujeante.

Hizo que de la roca brotaran corrientes de agua, ¡y que el agua fluyera como un río!   (Salmo 78:15-16, NTV)

Lo más interesante es que aquel contra quien se estaban quejando, Dios, es quien les iba a solucionar su necesidad. Ten cuidado, al quejarte podrías estás luchando con la persona equivocada. Las personas como Moisés, que no se quejan, crean las oportunidades; por lo general son líderes, son aquellos que buscan respuestas y soluciones, y lo mejor es que ayudan a otros. Pero nunca conocerás a un quejoso que esté sacando adelante a otros, al contrario, los hundirá.

> **Nunca conocerás a un quejoso que esté sacando adelante a otros, al contrario, los hundirá.**

Esta pandemia y consecuente crisis mundial sacó y sigue sacando, en muchos sentidos, lo que realmente somos, de qué estamos hechos cada uno de nosotros. Sin duda, nos ha permitido auto conocernos de una forma impresionante. Llegó el día en que las congregaciones masivas de gente estaban siendo prohibidas por las autoridades de salud del gobierno mexicano, por lo que era el día de decidir mudarnos a la "iglesia en línea" y ya no más presencial por el momento.

Reuní a todo el liderazgo vía Zoom, y lo primero que les dije fue que no podíamos quejarnos por tales lineamientos, sino que eso representaba toda una oportunidad de probar y ver quiénes realmente éramos. Fueron cuatro meses de aislamiento total, y durante ese tiempo vi a mucha gente quejarse, incluso a líderes hablando mal de las autoridades. ¡Cómo me recordó a aquella experiencia de Moisés!

Frente a nosotros tenemos necesidades, problemas y desafíos, y es ahora cuando debemos convertirlos en oportunidades y creer que saldrá agua de la roca. Estamos frente a la oportunidad de creer que Aquel que permitió esta crisis también nos dará la salida, nos sacará adelante.

En RÍO, al final de esta pandemia, logramos multiplicar nuestros grupos en casa, ganar a más familias, lanzar nuevos líderes, unir más a la iglesia a la distancia, bendecir a más de 10 mil familias a través de despensas que se entregaban semana tras semana. Logramos estar en medios de comunicación como la radio y la televisión, creamos la red empresarial *Mercado solidario* para ayudarnos mutuamente.

Oramos las 24 horas durante 21 días, y en redes sociales alcanzamos el millón de personas a través de todas las publicaciones que tuvimos. También estuve más con mis hijos y esposa, pasamos momentos únicos y hermosos, y lo mejor es que logré terminar este libro que quiero que sea una gran bendición para ti.

¿Quieres ser parte del pueblo que se queja por lo que ocurre, o quieres ser el Moisés líder, creador de oportunidades? En tu respuesta y actitud se forjará el futuro que te espera a ti y a los que estén a tu alrededor.

ENTRE CAUCES

Haz un cuadro y divídelo en dos columnas. La de la izquierda se llamará "Quejas". Escribe allí la lista de todas las quejas que te surgieron durante el encierro del 2020. La columna del lado derecho se llamará "Golpea la piedra". Escribe en ella cada una de las cosas que hiciste para solucionar cada queja.

+ ¿Qué lista se llenó primero?

+ ¿Estás siendo quejoso o líder?

+ Si la columna "Golpea la roca" casi no está llena, comienza hoy a llenarla convirtiendo cada queja en oportunidades y soluciones.

Te invito además a un reto: en los próximos siete días no te quejes en lo absoluto. Esto implica no solamente en voz alta, sino también en tu mente. Al final de la semana, escribe con detalle cómo te sientes anímica y mentalmente. Verás la diferencia.

_____

_____

_____

_____

_____

_____

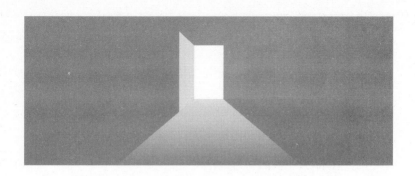

"HALLAR EL ENFOQUE NO ES DIFÍCIL, SINO MANTENERLO."

Día 12

EL DESENFOQUE

A VECES LA ÚLTIMA VUELTA ES LA QUE REALMENTE IMPORTA

*Solamente esfuérzate y sé muy valiente, para cuidar de
hacer conforme a toda la ley que mi siervo Moisés te
mandó; no te apartes de ella ni a diestra ni a siniestra, para
que seas prosperado en todas las cosas que emprendas.*
—Josué 1:7

La falta de enfoque es una de las principales causas por las cuales las personas no logran su propósito, no alcanzan el éxito ni llegan a sus metas. Vivimos inmersos en la rapidez de una época con miles de alternativas, con la tecnología a su máxima expresión, de la información en segundos, por lo que somos presa fácil de perder el enfoque.

Dos enemigos fortalecen el desenfoque: la impaciencia y la desesperación. Leamos juntos la historia de una generación impaciente y desenfocada.

Al ver los israelitas que Moisés tardaba en bajar del monte, se juntaron alrededor de Aarón y le dijeron:

—Anda, haznos dioses que nos guíen, porque no sabemos qué le ha pasado a este Moisés que nos sacó de Egipto.

Y Aarón les contestó:

—Quítenles a sus mujeres, hijos e hijas, los aretes de oro que llevan en las orejas, y tráiganmelos aquí.

Todos se quitaron los aretes de oro que llevaban en las orejas, y se los llevaron a Aarón, quien los recibió, y fundió el oro, y con un cincel lo trabajó hasta darle la forma de un becerro. Entonces todos dijeron:

—¡Israel, éste es tu dios, que te sacó de Egipto!

Cuando Aarón vio esto, construyó un altar ante el becerro, y luego gritó:

—¡Mañana haremos fiesta en honor del Señor!

Al día siguiente por la mañana se levantaron y ofrecieron holocaustos y sacrificios de reconciliación. Después el pueblo se sentó a comer y beber, y luego se levantaron a divertirse.

(ÉXODO 32:1-6, DHH)

Dos enemigos fortalecen el desenfoque: la impaciencia y la desesperación.

¡Cuidado!, el desenfoque provoca tomar decisiones incorrectas. El pueblo de Israel estaba desesperado y perdió el enfoque de tener su mirada puesta en Jehová, quien los sacó de Egipto, y empezaron a tomar decisiones erróneas: "Haznos dioses que nos guíen", pidieron a Aarón. Perdieron el enfoque: pusieron su propio destino en las manos falsas de un ídolo.

A través de los años he visto cientos de casos así, donde, en la desesperación, su becerro de oro son las primeras opciones que llegan de algo, producto de haber perdido antes el enfoque. En esta historia vemos, además, que la desesperación estaba provocando, incluso, que perdieran a sus familias. Estaban dispuestos a sacrificar a sus mujeres, hijos e hijas, a costa de construir su propio dios.

El desenfoque provoca tomar decisiones incorrectas.

Hay personas hoy día que están tan desenfocadas, que están dispuestas a perder aun lo más valioso en aras de alcanzar algo o satisfacer una necesidad. ¡Además, estaban listos para realizar una fiesta! Es sorprendente cómo *cuando no se sabe lo que se quiere en la vida, cualquier cosa nos puede llenar y hacernos sentir aparentemente felices.*

Michelle y yo damos muchas pláticas a jóvenes solteros. Nos encanta hacerlo porque sabemos la importancia de elegir bien en esta vida. Nos encontramos con muchos casos de chicas y chicos que no saben lo que quieren, les falta enfoque. Ante estas necesidades de la juventud, les afirmamos: *cuando pierdes el enfoque, cualquier opción en tu vida la verás como buena.*

Aplica, por supuesto, a cualquier edad y circunstancia de una persona. El noviazgo es un catálogo de apariencias y de falsa felicidad. Muchas veces se nota claramente que no están felices, y a veces ni pareja hacen, pero ambos jóvenes piensan que sí. ¿Por qué? Es muy simple: aun ni saben lo que quieren.

A Moisés seguramente la impaciencia y la desesperación lo estaban invadiendo también, pues al igual que los demás era pueblo. Sin embargo, su enfoque era otro. Sabía que Dios lo había escogido y puesto para algo tan importante como guiar a la nación de Israel, y no tenía otra opción en su mente. Enfoque es no aceptar todas las puertas incorrectas conforme a las circunstancias, sino esperar la correcta por sobre las circunstancias.

La razón número uno por la que la mayoría de la gente no obtiene lo que quiere, es porque no sabe lo que quiere. Una persona desenfocada manda mensajes confusos a la gente, y aun a ellos mismos. Esto hace muy difícil avanzar.

> **La razón número uno por la que la mayoría de la gente no obtiene lo que quiere, es porque no sabe lo que quiere.**

Me encanta la definición de *decisión*, que entre otras cosas significa *eliminar cualquier otra alternativa*; en otras palabras, es ir en dirección cierta, es estar enfocado. En el relato del éxodo dirigido por Moisés, hay un versículo clave que nos dice mucho de la claridad que él tenía en medio de su travesía.

> *Dios hablaba con Moisés cara a cara, como quien habla con un amigo, y después Moisés regresaba al campamento. Pero su ayudante, el joven Josué, hijo de Nun, nunca se apartaba del interior de la tienda.*   (Éxodo 33:11, DHH)

"Cara a cara" es quitar de en medio la posibilidad de cualquier otra elección; es no dar lugar a otras opciones, es enfoque. Por ejemplo, qué incómodo es estar hablando con alguien y que esa persona esté viendo hacia otro lado, hacia otra persona, ¡o

al celular! Eso significa que no te está poniendo atención, que no está enfocado en lo importante que eres tú y lo que los ha hecho coincidir en ese momento, en medio de todo ese universo multiopción.

En este ejemplo, el enfoque es una relación de dar y recibir. ¿Cuál es tu nivel de enfoque? *El desenfocado es mal receptor de mensajes y es guía hacia el fracaso.* Dios tenía mucho que hablarle a Moisés, instrucciones históricas que hasta el día de hoy son vigentes. ¿Te imaginas si Moisés no hubiese sido un buen receptor del mensaje? Imagínate si hubiese estado igual de desesperado como el resto del pueblo, impaciente, desenfocado; jamás hubiera completado su tarea.

Enfoque:

¿A quién escucho?

¿Cómo lo escucho?

Son las dos preguntas clave que debes responderte.

En 2019 tuve la oportunidad de asistir por primera vez a la Fórmula Uno. Fue una experiencia impresionante; es un ambiente peculiar lo que rodea al mundo de los monoplazas. Los corredores de Fórmula Uno deben tener la habilidad de estar enfocados al cien por ciento, a más de 300 kilómetros por hora, y donde las milésimas de segundo marcan la diferencia. No hay margen de error. Es necesario mantener el enfoque durante 72 vueltas sin parar.

¡Impresionante! En estas carreras, tanto la primera vuelta como la última son igual de cruciales. Se dice que cada corredor baja de 3 a 5 kilos por carrera, lo que nos habla de que mantener el enfoque conlleva *sacrificio.* Nadie que esté enfocado puede estar cómodo al mismo tiempo. Si vas a perseguir algo hasta que lo logres, irá de la mano el sacrificio. Pero valdrá la pena. Si ya encontraste el enfoque, ahora a mantenerlo.

> ## Si vas a perseguir algo hasta que lo logres, irá de la mano el sacrificio.

¿Cuántas vueltas o años llevas en tu matrimonio? El primer año es tan importante como el que hoy estás viviendo.

¿Cuántas vueltas llevas en tu liderazgo? Muchos líderes tuvieron muy buenos años al principio, después ya no; así no se conquistan reinos.

¿Cuántas vueltas llevas en tu negocio o proyecto? Así como le pusiste empeño al principio, hoy debe ser igual.

No bajes la velocidad, mantén el enfoque; 72 vueltas pueden parecer tu vida misma, y eso es lo que está en juego en cada fecha del serial en cada piloto de escudería.

Cuando fui universitario, mi enfoque eran mis estudios. Cuando fui novio de Michelle, mi enfoque estaba en conocerla.

Cuando nos casamos, nos enfocamos en poner las bases para nuestro futuro.

Cuando trabajé en el gobierno, esa era mi prioridad.

Cuando tomé el liderazgo de todo RÍO, me enfoqué en crear relaciones fuertes con todos los líderes.

Cuando faltaba un mes para *Makers*, en la Arena Ciudad de México, todo mi centro era el evento.

Hay enfoques a corto, mediano y largo plazo; hay enfoques por áreas (salud, finanzas, familia, ministerio); cada situación necesita atención desde diferentes perspectivas y tiempo, pero en todos, el secreto es mantenerse.

"Los triunfadores actúan de otro modo. Tienen ojo clínico para detectar lo esencial. Se detienen lo justo para decidir qué es lo que importa y luego dejan que lo que importa guíe su vida. Los triunfadores hacen antes lo que otros dejan para más tarde y posponen, incluso a veces indefinidamente, cosas que los demás hacen antes." —Gary Keller [5]

Si quieres lograr y prosperar en aquello que anhelas en cualquier área o necesidad, no te desenfoques.

5. Del libro *Solo una cosa*, Editorial Aguilar, 26 de enero de 2016.

ENTRE CAUCES

Después de que Moisés murió, Dios habló con Josué y le dijo:

> *Solamente esfuérzate y sé muy valiente, para cuidar de hacer conforme a toda la ley que mi siervo Moisés te mandó; no te apartes de ella ni a diestra ni a siniestra, para que seas prosperado en todas las cosas que emprendas.* (Josué 1:7)

+ ¿Cuál debía ser el enfoque de Josué?

+ ¿Cuál debía ser la actitud de Josué?

+ ¿Cuántas «vueltas» debía Josué mantenerse conforme a la ley de Moisés?

+ ¿Cuál sería el resultado de no perder el enfoque?

+ Si lees todo el capítulo uno, ¿quién realmente estaba detrás fortaleciendo a Josué?

_____

_____

_____

_____

_____

_____

"¡LO MÁS VALIOSO QUE HOY TIENES

ES TU FAMILIA, CUÍDALA!"

Día 13

LA DESINTEGRACIÓN

VIVIR O SOBREVIVIR

Y las repetirás [las palabras de Dios] *a tus hijos,
y hablarás de ellas estando en tu casa, y andando por el
camino, y al acostarte, y cuando te levantes.*
—Deuteronomio 6:7

En México, la campaña de fortalecimiento del aislamiento necesario ante el COVID-19 utilizó la frase "Quédate en casa". El tiempo de cuarentena me permitió convivir mucho más con mi esposa e hijos; realmente estoy muy agradecido por esto, ya que ayudó a crear un vínculo más fuerte entre nosotros, los conocí más y ellos a mí también. Michelle y yo fuimos muy bendecidos de tener padres que procuraron educarnos correctamente desde la casa. Los valores que hoy ejercemos en las diferentes áreas de nuestro matrimonio empezaron en la familia.

Son los padres, y no los gobiernos, los que tienen la responsabilidad principal de educar a sus hijos. Deuteronomio 6 así lo afirma, es una delegación divina. Y se espera de un gobierno que realice políticas públicas necesarias que fortalezcan e impulsen este principio. Cada sociedad y familia deben tener bien claras las diferencias en las funciones tanto del gobierno, de los padres y aun de la Iglesia en el tema de la educación. Los tres entes tienen una posición de autoridad para la familia, pero cada uno tiene funciones y alcances específicos. Este es el establecimiento de Dios:

> **Son los padres, y no los gobiernos, los que tienen la responsabilidad principal de educar a sus hijos.**

Oye, Israel: Jehová nuestro Dios, Jehová uno es. Y amarás a Jehová tu Dios de todo tu corazón, y de toda tu alma, y con todas tus fuerzas. Y estas palabras que yo te mando hoy, estarán sobre tu corazón; y las repetirás a tus hijos, y hablarás de ellas estando en tu casa, y andando por el camino, y al acostarte, y cuando te levantes. (Deuteronomio 6:4-7)

En todo momento los papás deben educar a los hijos, así en el camino (el andar diario de la vida contemporánea de cada familia), como al acostarse y levantarse. Este es un círculo absoluto que trastoca todas las áreas y etapas de la vida de los hijos.

Los padres deben tener la libertad de decidir cómo y dónde educar a sus hijos. Los gobiernos entran aquí para allanar el camino hacia el éxito desde el origen. Un ejemplo de una política pública creada por otros gobiernos en algún momento, ha sido dar vales a cada familia para la educación de los niños, que podrán ser usados para pagar el costo de una escuela, ya sea pública o privada. Los beneficios que este apoyo intencionado y dirigido a coadyuvar a los padres son:

+ Fortalece la relación con el gobierno.

+ Genera competencia en las escuelas.

+ Permite que los padres decidan sobre sus hijos.

+ Impulsa la educación de los niños.

Si bien todo gobierno, por principio, debe buscar el beneficio de la sociedad sobre la que ejerce autoridad, los padres en la familia tienen su campo de acción y responsabilidad.

Sin embargo, hay un asunto que está rebasando a los padres y madres, y que sucede en el seno de las paredes de la casa: la desintegración intrafamiliar. Los medios denuncian que el aislamiento para muchos no fue la mejor opción, pues salió a la luz la verdad de muchos hogares: una desintegración instalada, creciente y aun violenta. ¿Qué dice la Biblia sobre este tema?

El que detiene el castigo, a su hijo aborrece; Mas el que lo ama, desde temprano lo corrige.   (Proverbios 13:24)

Hablamos de derechos y responsabilidades que solo los padres tienen para con su familia. Bueno, aquí está. Si queremos atacar la desintegración familiar, hay que poner orden en la casa. La corrección hacia los hijos es responsabilidad directamente de los padres. La desintegración familiar nos habla, entre otras cosas, de la ausencia de algo. Hay dos premisas clave en el proverbio:

Si queremos atacar la desintegración familiar, hay que poner orden en la casa.

La disciplina de los padres deberá ir directamente sobre lo que se debe corregir en los hijos. Un grave gran error al ejercer disciplina es provocar a los hijos al enojo, debido a que se está ejerciendo de forma injusta la autoridad hacia el hijo al no tener bien clara la razón de la disciplina. La prudencia y sabiduría de los padres es fundamental.

El castigo deberá ser con amor, lo cual evita el abuso o la violencia de los padres a los hijos y viceversa. Cualquier disciplina aplicada con violencia carece de amor. No estoy diciendo que en aras del amor no se aplique corrección. El principio es que debe haber *castigo a tiempo*. La muestra del amor comienza aquí, la violencia se genera ante la falta de una consecuencia, como por el hartazgo de no hacerlo a su debido tiempo.

Si los padres cuidan estos dos elementos, podrán comenzar a levantar o reestructurar familias sólidas.

El papel de la Iglesia cristiana en todo esto debe ser primordialmente proveer, no tomar el lugar, y ayudar con las herramientas de enseñanzas bíblicas para que los padres enseñen a su familia. Escuela dominical, campamentos de verano, encuentros juveniles, experiencias misioneras, clubes bíblicos, talleres para niños, jóvenes o matrimonios, y, obvio, los servicios de adoración domingo a domingo, entre otras cosas, son recursos muy útiles para la familia.

Cuando padres, gobierno e Iglesia trabajan en conjunto desde sus áreas de operación, se logra una armonía saludable. Pero en la casa, para la familia, los responsables son los padres. La escritora Carla Hornung, junto con su esposo, Sergio, pastores de la iglesia Comunidad Cristiana Agua Viva, en Perú, han dado ejemplo en esta área. Es sorprendente cómo por trece generaciones sus familias han mantenido los principios de integración, amor y unidad. En su libro *El secreto de la bendición multigeneracional*[6] dice:

---

6. Whitaker House, 6 de agosto de 2019.

"La salud de la sociedad está directamente relacionada con la salud de la familia. Cuando las familias están saludables, una sociedad progresa. Pero cuando las familias son disfuncionales o se desintegran, los niños y los jóvenes son más propensos a recibir abusos, bajan su rendimiento académico, y a veces buscan en las pandillas, la delincuencia o los vicios la forma de sobrevivir o de escapar".

No podemos permitir que desde las principales tribunas o movimientos se quiera anular la integración familiar. No permitas la desintegración de tu familia. La familia es un diseño original de Dios, por eso, es dentro de esta convivencia liderada donde están las grandes soluciones para nuestra sociedad. La familia, en su sentido más amplio de derechos y obligaciones, debiera ser prioridad de cualquier nación.

Ante esto, existen cuatro principios que te ayudarán a la formación de tu familia e hijos, tomados de las experiencias del apóstol Pedro en su caminar junto a Jesús. Él formaría una nueva familia justamente con sus doce discípulos, por lo que debía asegurarse de fortalecerlos.

PRINCIPIO 1. AFIRMA LA IDENTIDAD DE TU FAMILIA

Andrés, hermano de Simón Pedro, era uno de los dos que, al oír a Juan, habían seguido a Jesús. Andrés encontró primero a su hermano Simón, y le dijo:

—Hemos encontrado al Mesías (es decir, el Cristo). Luego lo llevó a Jesús, quien mirándolo fijamente, le dijo:

—Tú eres Simón, hijo de Juan. Serás llamado Cefas (es decir, Pedro). (Juan 1:40-42, NVI)

La primera acción que hizo Jesús sobre Pedro fue cambiarle el nombre; le estaba quitando su pasado, sus costumbres erróneas, su forma de pensar incorrecta, sus pecados, sus carencias. Una forma de dejar atrás el pasado para empezar una nueva vida. Fue una manera de afirmar su identidad. Esta nueva identidad tenía un nuevo nombre: Pedro (que significa *piedra*).

No podemos construir una familia nueva con una identidad errónea (un pasado desastroso, una perspectiva que no es la de Dios). Hay demasiados canales por donde los miembros de la familia reciben cañonazos de falsa identidad (amigos, redes sociales, medios de comunicación, artistas, deportistas, religiones, aun gobiernos, y muchos otros), por tanto, es responsabilidad de los padres proteger, consolidar y construir identidad.

En Cristo, *"las cosas viejas pasaron"* (2 Corintios 5:17). Si Pedro significa *piedra*, imagina cuánto puedes afianzar la vida de tu familia con los principios de Dios. Tu familia va a querer saber quiénes son ahora.

PRINCIPIO 2. ENSÉÑALES A SERVIR

Un día estaba Jesús a orillas del lago de Genesaret, y la gente lo apretujaba para escuchar el mensaje de Dios. Entonces vio dos barcas que los pescadores habían dejado en la playa mientras lavaban las redes. Subió a una de las barcas, que pertenecía a Simón, y le pidió que la alejara un poco de la orilla. Luego se sentó, y enseñaba a la gente desde la barca. (Lucas 5:1-3, NVI)

Jesús le pidió al pescador que lo asistiera, y aun le pidió prestada su barca. Pedro seguramente estaba ocupado, cansado y sin ánimo porque habían tratado de pescar durante toda la noche, pero al final hizo lo que Jesús le pidió. Los grandes se forjan en el servicio. Jesús necesitaba una familia cercana que entendiera el poder del servicio.

Tuve mi primer trabajo a los 24 años, recién había terminado mis estudios de maestría. A esa edad me hice cargo también de una campaña política y tuve la gran oportunidad de ser secretario particular del presidente de todas las cámaras de Comercio del país. Como economista no había mejor trabajo que este para empezar mi carrera profesional.

Mi jefe inmediato, Jorge Dávila Flores, me enseñó demasiado; sin duda me formé con un gran hombre. Al mismo tiempo entendí el poder del servicio, la grandeza de ser número dos. Por más de cinco años le serví a su lado, literalmente en todo lo que podía. Agradezco demasiado ese trabajo que tuve, pude aprender la grandeza que hay en el servicio, y apoyar a que alguien más saliera adelante y brillara.

Pedro estaba aprendiendo a ser el asistente de Jesús, ayudándole con su barca para que fuera el Maestro quien enseñara. Jesús dijo: "… *el que quiera hacerse grande entre vosotros será vuestro servidor*" (Mateo 20:26).

PRINCIPIO 3. DESAFÍALOS

Cuando acabó de hablar, le dijo a Simón:

—Lleva la barca hacia aguas más profundas, y echen allí las redes para pescar.

—Maestro, hemos estado trabajando duro toda la noche

y no hemos pescado nada —le contestó Simón—. Pero, como tú me lo mandas, echaré las redes.   (Lucas 5:4-5, NVI)

¿Te imaginas haber trabajado toda la noche sin tener éxito? Seguramente Pedro ya estaba muy cansado, desesperado, agobiado, y el Maestro se atreve a decirle que tome la barca y vaya a pescar una vez más. Jesús estaba desafiando la fe de Pedro, le pidió que se arriesgara al fracaso y a la humillación, y decidió confiar en Él. La pesca fue como nunca la habían tenido. *Tu familia debe saber que todo proviene de Dios, que no es la ley del mayor esfuerzo humano, sino la ley de la fe en Dios.*

PRINCIPIO 4. MUÉSTRALES SU PROPÓSITO

Al ver esto, Simón Pedro cayó de rodillas delante de Jesús y le dijo:

—¡Apártate de mí, Señor; soy un pecador!

Es que él y todos sus compañeros estaban asombrados ante la pesca que habían hecho, como también lo estaban Jacobo y Juan, hijos de Zebedeo, que eran socios de Simón.

—No temas; desde ahora serás pescador de hombres —le dijo Jesús a Simón.

Así que llevaron las barcas a tierra y, dejándolo todo, siguieron a Jesús. (Lucas 5:8-11, NVI)

Tu familia está esperando de ti que les digas cuál es el rumbo que deben tomar, cuál es el propósito por el cual vivir. Jesús estableció para Pedro que ya no sería pescador de peces (vida vieja), sino de ahora en adelante pescador de hombres (vida nueva). El propósito de Pedro en Cristo cambió. ¿Tu familia y tú han cambiado?

Si logras activar estos cuatro principios en tu familia, estarás brindando un antídoto contra la desintegración familiar. Los once discípulos de Jesús, su verdadera familia, cambiaron el mundo, marcaron la historia. ¡Cuida lo más valioso que hoy tienes, y es tu familia!

ENTRE CAUCES

+ ¿Podrías, de manera inmediata, enunciar cinco recuerdos que hayan contribuido a la identidad de tu familia, es decir, que sean característicos de ustedes y solo suyos?

+ Si no lo puedes hacer muy rápido, quiere decir que realmente no son significativos o que no definen a tu familia o simplemente no existen.

+ ¿Por dónde empezarías a crear estas memorias familiares que construyan identidad e integración? Anota actividades concretas según cada principio.

Principio 1

Principio 2

Principio 3

Principio 4

+ ¿Qué debes hacer para comenzar a reintegrar a tu familia si es que ahora está rota?

_____

_____

_____

_____

_____

_____

"SI NO TIENES PROFUNDIDAD
INTERIOR, UN DÍA TU VIDA SE
VA A ESTANCAR."

Día 14

RÍO O PANTANO

TÚ DECIDES QUÉ TIPO DE PERSONA QUIERES SER

Pero los pantanos y las ciénagas no se purificarán,
quedarán salados.
—Ezequiel 47:11, NTV

Crecí en la Ciudad de México; gracias al negocio de venta y distribución de periódicos y revistas que tenía mi padre, gocé, por el favor de Dios, de una buena vida: una niñez en escuela privada, vacaciones, amigos, estabilidad en todos los sentidos. Mis padres, desde antes que yo naciera, ya eran cristianos, fieles a una iglesia y servían en muchos ministerios, además de haber estudiado su licenciatura en teología.

Un día, el liderazgo de la iglesia puso a mis padres al frente de un grupo en crecimiento de unas treinta personas. Todo iba viento en popa. Luego, los enviaron como pastores oficiales de aquella pequeña comunidad. Aquellos cauces fueron el inicio de lo que después se convertiría en RÍO Poderoso, nuestra iglesia hasta el día de hoy. Aquel inicio fue un día que nunca olvidaremos. Dios nos tocó muy fuerte; fue una noche única que marcaría una etapa de mayor profundidad en la vida de la familia. Dios usó un pasaje del libro del profeta Ezequiel para guiarnos en este nuevo propósito:

> *Entonces me dijo: «Este río fluye hacia el oriente, atraviesa el desierto y desemboca en el valle del mar Muerto. Esta corriente hará que las aguas saladas del mar Muerto se vuelvan puras y dulces. Vivirán cantidad de criaturas vivientes por donde llegue el agua de este río. Abundarán los peces en el mar Muerto, pues sus aguas se volverán dulces. Florecerá la vida a donde llegue esta agua. Pero los pantanos y las ciénagas no se purificarán, quedarán salados. A ambas orillas del río crecerá toda clase de árboles frutales. Sus hojas nunca se marchitarán ni caerán y sus ramas siempre tendrán fruto. Cada mes darán una nueva cosecha, pues se riegan con el agua del río que fluye del templo. Los frutos servirán para comer, y las hojas se usarán para sanar».*
>
> (Ezequiel 47:8-12, NTV)

Creímos, y lo hemos comprobado por años, que Dios hizo así con nosotros: nos fue guiando de su mano a donde Él quería llevarnos. Y así fue también como cobra significado el nombre de nuestra iglesia: RÍO Poderoso.

Al volver a leer Ezequiel 47 todavía se me pone la piel chinita, porque es algo que día a día seguimos viviendo en esta familia: ir en pos y cuidar a lo "salado del Mar Muerto", es decir, a las familias desintegradas, los adolescentes y jóvenes en los vicios, los enfermos, a la gente infeliz para quienes poder ser instrumento espiritual y cambiarles la vida: "Florecerá la vida a donde llegue esta agua". Esto es lo que ha hecho RÍO Poderoso durante años.

Pero también leemos que aun al paso de un río habría pantanos. Efectivamente, *no es fácil trabajar en personas que muchas veces no tienen intenciones de cambiar de agua salada a agua dulce, que quieren vivir vidas estancadas como pantanos.* En la vida hay dos opciones: vida o muerte, avanzar o parar, amar u odiar, bendecir o maldecir, perdonar o culpar, abrazar o golpear, pantano o río. Tú decides qué tipo de persona quieres ser.

Los pantanos son cuerpos de agua estancada que se forman por una depresión escasa de profundidad en el terreno. Por tanto, el agua procedente de un río, al pasar por esa depresión no fluye, porque al terreno le falta profundidad. Si no tienes profundidad de espíritu, un día tu vida se va a estancar, y el agua estancada al poco tiempo huele mal, es fuente de infecciones y al final se descompone.

Tú decides qué tipo de persona quieres ser.

¿De qué estás alimentando tu interior?

¿Qué hay en tu corazón?

¿Qué tanta profundidad espiritual hay en ti?

¿Qué tanto oras a solas con Dios?

¿Sabes perdonar?

¿Tomas tiempo para leer la Biblia y algunas otras buenas lecturas?

Estas preguntas pueden servirte para comenzar a indagar la profundidad que hay en tu vida.

En algún momento disfruté de ser alumno del Dr. Andrés Panasiuk, un escritor y maestro, fundador del Instituto para la

Cultura Financiera. Si no has leído ninguno de sus libros, te lo recomiendo ampliamente; darán altura a tu vida. Una de las frases que más me ayudó para entender el principio de la grandeza interna y de invertir en uno mismo es:

"La gente que alcanza la prosperidad integral es porque tiene una actitud diferente ante la vida. Estas personas se han concentrado primero en el ser y luego en el hacer. Han hecho un cambio en la forma en que se ven a sí mismas y en la forma en que viven cada día".[7]

Cuando cambiamos la percepción que tenemos de nosotros mismos, cambia el terreno, cambia la profundidad, cambia la vida.

Cuando dejamos de ser pantano para convertirnos en río, sucede lo que relata Ezequiel 47:12 (NTV):

*A ambas orillas del río crecerá toda clase de **árboles** frutales. Sus hojas nunca se marchitarán ni caerán y sus ramas siempre tendrán fruto. Cada mes darán una nueva cosecha, pues se riegan con el agua del río que fluye del templo. Los frutos servirán para comer, y las hojas se usarán para sanar.*

Si pusiste atención, se mencionan tres beneficios cuando el río corre y el agua no se estanca:

Crecerá toda clase de árboles. La corriente afecta todas las áreas de la vida. "*Amado, yo deseo que tú seas prosperado en todas las cosas, y que tengas salud, así como prospera tu alma*" (3 Juan 1:2). ¡Tu alma! ¡Tu interior! Lo que hay dentro de ti afecta todo

---

7. Del libro *¿Cómo llego a fin de mes?*, 1ro. de marzo de 2000, Grupo Nelson.

lo que se ve. Si tu alma prospera, también lo harán las demás áreas, esto es, el resto de los árboles.

Cada mes darán una nueva cosecha. La profundidad de vida permite el principio de la siembra y la cosecha. Y para cosechar se necesita sembrar una semilla. Pero si no hay profundidad, la semilla no se dará. Solo podemos dar lo que realmente tenemos.

Y el que da semilla al que siembra, y pan al que come, proveerá y multiplicará vuestra sementera, y aumentará los frutos de vuestra justicia.   (2 Corintios 9:10)

Wayne Myers es un misionero y mentor de líderes radicado en México, un hombre que me ha enseñado a vivir sin límites. Sobre él, Freda Lindsay, Cofundadora del Instituto de Cristo para las Naciones, expresa: "Él ha ayudado a construir más de cuatro mil iglesias locales en México solamente, y, además, ha sido vital en ayudarnos a construir en otras naciones. Un total de más de once mil iglesias locales".

No te quejes de lo que no tienes, mejor pregúntate ¿qué haces con lo que sí tienes?

Wayne Myers ha entendido claramente el poder de ser una tierra fértil, y el principio de la siembra y la cosecha. Wayne comenta al final de su libro *Viviendo más allá de lo posible:*[8] "Es imposible crecer sin dar. Si usted quiere alcanzar todo su potencial, entonces entréguese. Si no está dando más hoy de lo que dio la semana pasada, con el tiempo se estancará". La capacidad de entrega por otro determina el grado de profundidad de una vida.

---

8. Editorial Desafío, 19 de noviembre de 2007.

En su libro *¿Cómo llego a fin de mes?*, Andrés Panasiuk escribió:

"Da por convicción, da sin ningún tipo de interés personal, da con disposición, da con generosidad, da con humildad, da de corazón, da con sabiduría".

Las hojas se usarán para sanar. Si no permites el estancamiento y dejas que el río fluya, serás de bendición a más personas. Tus hojas, lo que ha crecido en ti, lo que sale de ti, darán alivio a otros. Dios le dijo a Abraham: *"Serás bendición"* (Génesis 12:2). Tú y yo estamos destinados a bendecir a más personas.

> **La capacidad de entrega por otro determina el grado de profundidad de una vida.**

Hemos vivido bajo estos tres principios en RÍO Poderoso por más de dos décadas, y todo desde aquella noche que Dios nos habló por medio del libro de Ezequiel. Desde esa noche empezaría un gran sueño, en donde a través de los años he visto toda clase de árboles crecer, y al mismo tiempo vidas estancadas entre pantanos.

Y tú, ¿eres pantano o río?

ENTRE CAUCES

+ ¿En qué áreas de tu vida te sientes estancado?

+ ¿Existe en ti una visión hacia más cosas en el futuro inmediato que se vislumbra en lo que llaman ahora "nueva realidad", o sales de aquel encierro con las mismas quejas y poca misión de vida?

+ ¿Tienes la tendencia de ser un río poderoso para el bien de otros, o eres pantano maloliente para los que te rodean?

_____

_____

_____

_____

_____

_____

"LA OFENSA ES UN INSTANTE;

VIVIR OFENDIDO ES TU DECISIÓN."

Día 15

LA OFENSA

¿CONTRA LAS ACCIONES O CONTRA LAS PERSONAS?

Quien perdona gana un amigo;
quien no perdona gana un enemigo.
—Proverbios 17:9, TLA

Ser líder de una organización tan bonita como RÍO es todo un reto del tamaño de cinco mil personas unidas en trece iglesias. Dirijo un equipo de más de mil voluntarios que dan su tiempo, energía y pasión a esta visión. Siempre estaré agradecido con cada uno de ellos. Sin embargo, en un grupo de trabajo así, son inevitables las diferencias, los problemas y aun las ofensas de todo tipo.

Propios y extraños convivimos constantemente, observándonos por largos periodos de tiempo, y hay ciertos momentos en los que el simple roce del "pétalo de una rosa" puede causar un incendio entre colaboradores o entre congregantes. Entiendo que es algo normal, inherente a una naturaleza caída en pecado. Con base en esto, y me es difícil decirlo, puedo afirmar que hay personas que envidian el éxito de otros, y el camino más sencillo es la ofensa artera.

La ofensa es tan poderosa que divide familias, equipos, iglesias y gobiernos. La agenda del enemigo, Satanás, es la destrucción, su estrategia es la división y su táctica es la ofensa. Es una táctica letal, es la puerta de entrada a otros desaciertos de mayores consecuencias en la vida. Cuando la ofensa se presenta, si no se elimina, hará estragos en el corazón.

¿Cómo lidiar con esto? La Biblia nos habla del perdón, donde perdonar no es una sugerencia, sino un requisito. Perdonar es liberar a un prisionero y descubrir que ese prisionero eras tú. Perdonar es como respirar, tienes que dejar salir el aire malo y hacer lugar al aire bueno. ¿Cuándo hay que perdonar?

Ponte de acuerdo con tu adversario pronto, entre tanto que estás con él en el camino, no sea que el adversario te entregue al juez, y el juez al alguacil, y seas echado en la cárcel.

(Mateo 5:25)

> ## Cuando la ofensa se presenta, si no se elimina, hará estragos en el corazón.

¡Pronto! Esto es un gran principio de vida, antes de que la ofensa y la falta de perdón hagan estragos. No hay tiempo para la venganza, porque el perdón debe presentarse *"entre tanto que estás con él en el camino"*. No es andar para preparar la venganza, sino para perdonar. ¿Y qué si no lo hago así? ¡Cuidado!, no vaya a ser *"que el adversario te entregue al juez, y el juez al alguacil, y seas echado en la cárcel"*.

En otras palabras, *te puedes convertir en prisionero de tus propias cárceles, de tus propias amarguras, si no perdonas a tu ofensor.* Puedes ver, entonces, la razón de ese "¡Pronto!". Así espera Dios nuestra obediencia al respecto. Perdonar es una instrucción de la que se espera una obediencia al momento.

Y dijo Isaí a David su hijo: Toma ahora para tus hermanos un efa de este grano tostado, y estos diez panes, y llévalo pronto al campamento a tus hermanos. (1 Samuel 17:17)

David tenía que llevarle el alimento a sus hermanos *pronto.* Padres, ¿cómo se sienten cuando le piden a alguno de sus hijos algo importante, incluso urgente, y este nada más no se mueve? Las instrucciones, las órdenes, son para obedecerlas pronto. Con respecto al perdón hay un tiempo para tomar la decisión, fuera de ese tiempo, se pierde la oportunidad y se cae en desobediencia al Señor. David fue un muchacho, el menor de sus hermanos, que fue ofendido en tres ocasiones:

Fue ofendido por su padre, Isaí, al no considerarlo del mismo nivel de sus hermanos.

Entonces dijo Samuel a Isaí: ¿Son éstos todos tus hijos? Y él respondió: Queda aún el menor, que apacienta las ovejas. Y dijo Samuel a Isaí: Envía por él, porque no nos sentaremos a la mesa hasta que él venga aquí. (1 Samuel 16:11)

Fue ofendido por su hermano mayor, Eliab, quien no reconoció que su hermano estaba haciendo algo bueno en llevarles de comer, sino que le reprocha y aun lo culpa de algo.

Y oyéndole hablar Eliab su hermano mayor con aquellos hombres, se encendió en ira contra David y dijo: ¿Para qué has descendido acá? ¿y a quién has dejado aquellas pocas

*ovejas en el desierto? Yo conozco tu soberbia y la malicia de
tu corazón, que para ver la batalla has venido.*

(1 Samuel 17:28)

Fue ofendido por el jefe del ejército, Saúl, quien lo menospreció al decirle que era tan solo un muchacho, bien pudo haber sido en tono de burla o desprecio o comparación.

*Dijo Saúl a David: No podrás tú ir contra aquel filisteo,
para pelear con él; porque tú eres muchacho, y él un hombre
de guerra desde su juventud.*   (1 Samuel 17:33)

Al final de esta historia, ¿de quién fue la victoria? David ganó una de las batallas más épicas e ilógicas que jamás se hayan pensado: un *"Uber Eats"*, chavito, jovenzuelo, bajito, comparado con otros, reprochado por su hermano, hecho menos por el jefe del ejército, ¡derribó al gigante Goliat de una pedrada! Si David se hubiera quedado a lamerse las ofensas, jamás hubiera logrado la victoria.

¿Cuántas victorias nos hemos perdido en nuestra vida por estar ofendidos? Un corazón sano y libre de las ofensas es ganador; uno lleno de venganza, rencores y amarguras es perdedor. Cada vez que perdonas, sanas tu corazón, ganas a un amigo.

> **Un corazón sano y libre de las ofensas es ganador;
> uno lleno de venganza,
> rencores y amarguras es perdedor.**

*Quien perdona gana un amigo; quien no perdona gana un
enemigo.*   (Proverbios 17:9, TLA)

Quien pasa por alto la ofensa, crea lazos de amor; quien insiste en ella, aleja al amigo.   (Proverbios 17:9, DHH)

No pierdas, gana; perdona. David llegó a ser rey y a tener un gran ejército porque mantuvo su corazón sano. Al no perdonar, nuestra mirada se mantiene en el "enemigo". Pero ¿cuántas veces nosotros somos los ofensores? Jesús enseñó:

Pero yo os digo: Amad a vuestros enemigos, bendecid a los que os maldicen, haced bien a los que os aborrecen, y orad por los que os ultrajan y os persiguen; para que seáis hijos de vuestro Padre que está en los cielos, que hace salir su sol sobre malos y buenos, y que hace llover sobre justos e injustos. Porque si amáis a los que os aman, ¿qué recompensa tendréis? ¿No hacen también lo mismo los publicanos?

(Mateo 5:44-46)

Y Proverbios 17:17 ya decía:

En todo tiempo ama el amigo, Y es como un hermano en tiempo de angustia.

En todo tiempo, aun cuando se esté dando la ofensa, hay que amar, bendecir, hacer el bien, lo cual es un testimonio de ser hijo de Dios. Hacer lo contrario, es ser uno más. Perdona, ama, gana, sé amigo.

ENTRE CAUCES

Haz una lista de las ofensas por parte de propios y extraños que recibió Jesús a lo largo de su ministerio. Las puedes leer en los cuatro evangelios: Mateo, Marcos, Lucas y Juan.

+ ¿Cómo recibió las ofensas?

+ ¿Enfrentó las acciones o se fue contra las personas?

+ ¿De qué manera Cristo se mostró perdonador o amigo?

+ Con sinceridad, anota los nombres de aquellos con los que sientes que tienes una cuenta pendiente. No importa si fuiste ofendido o eres ofensor, en cualquier caso, debes mostrar amor.

+ Una vez que los hayas identificado, lo más pronto posible diseña un plan para acercarte a esa persona y pedir perdón. Sé amigo (a).

_____

_____

_____

_____

_____

_____

"LOS DÉBILES SON LOS QUE NECESITAN HUMILLAR A OTROS PARA SENTIRSE FUERTES."

LA BURLA

CUANDO TU HABLAR TE DEFINE

*Las palabras del chismoso son como bocados suaves,
y penetran hasta las entrañas.*
—Proverbios 18:8

Me cuesta mucho trabajo estar en lugares donde la burla es el lenguaje común. Me incomoda, no pertenezco allí; sin embargo, veo constantemente que muchas personas sí disfrutan estar en ambientes burlones. La burla destruye personas, matrimonios, equipos, familias e iglesias.

> **El timón de la persona es su lengua, y debe ser conducida con sabiduría.**

Tú y yo tenemos un órgano pequeño, de apenas 10 cm y 10 gr, pero con todo el poder de un timón. Es la lengua. Ningún barco navega sin ser dirigido por un timón, de este depende su destino. De la misma manera, el timón de la persona es su lengua, y debe ser conducida con sabiduría.

Mirad también las naves; aunque tan grandes, y llevadas de impetuosos vientos, son gobernadas con un muy pequeño timón por donde el que las gobierna quiere. Así también la lengua es un miembro pequeño, pero se jacta de grandes cosas. He aquí, ¡cuán grande bosque enciende un pequeño fuego! (Santiago 3:4-5)

Una declaración es la palabra de una persona sobre la cual se apuesta lo que esa persona es.

No importa el tamaño de la nave, siempre será gobernada por un pequeño timón. La vida es nuestro barco, cuyo timón es la lengua. Lo que hablamos define, sin duda, nuestro rumbo. Saber hablar no es lo que se hace frente a un público, sino cómo manejamos nuestra lengua. Muchas personas en circunstancias importantes (políticos, actores, pastores, etc.) han caído en la trampa de sus dichos. Las declaraciones son muy fuertes, y muchas veces más que las acciones. Una declaración es la palabra de una persona sobre la cual se apuesta lo que esa persona es.

Las palabras son el reflejo de lo que hay en la mente y en el corazón. Las palabras suceden cuando cobran vida ciertos patrones bajo los cuales fuimos educados y formados, especialmente en la niñez. Si en casa se fomentó la burla, si en la escuela se fue víctima del *bullying*, si nos rodeamos de personas cuya expresión era de un sarcasmo constante y demás tipos de comportamientos semejantes, toda esa experiencia fue formativa, y después se reflejará en cómo se habla. De todo aquello surge un burlón.

Si este es tu caso, debes identificar, renunciar y cambiar esos patrones de vida. Por supuesto, esto no será de la noche a la mañana, es todo un proceso, pues de la misma manera en cómo recibiste esos "malos patrones", también deberán introducirse los "buenos patrones".

Tu hablar te define.

Comienza, entonces, a escuchar, ver y estar con otras personas, en otros ambientes. Evita hacer o ser parte de la burla en contra de otros. Recuerda que la lengua es el timón de tu vida, tu hablar te define. Esta habla de lo que ha sido alimentada. Por tus palabras serás conocido y juzgado.

¿Qué quieres que vean de ti?

O haced el árbol bueno, y su fruto bueno, o haced el árbol malo, y su fruto malo; porque por el fruto se conoce el árbol. ¡Generación de víboras! ¿Cómo podéis hablar lo bueno, siendo malos? Porque de la abundancia del corazón habla la boca. El hombre bueno, del buen tesoro del corazón saca buenas cosas; y el hombre malo, del mal tesoro saca malas cosas. Mas yo os digo que de toda palabra ociosa que hablen los hombres, de ella darán cuenta en el día del juicio. Porque por tus palabras serás justificado, y por tus palabras serás condenado. (Mateo 12:33-37)

Todo está en qué hay en tu interior. Tu corazón es como un tesoro; lo que tú consideras como bueno o valioso, lo irás atesorando.

¿Qué imaginas que habrá en el corazón del burlón como para hacer mofa de los demás? ¿Cuál será su percepción del otro? ¿Cuál será su introspección? ¿Cuáles serán los tesoros de su corazón? ¿Qué hay en tu tesoro? ¿Tu hablar es una muestra de lo que atesoras?

Hoy en día, el *bullying* está afectando a millones de niños y adolescentes. De acuerdo con la UNESCO, uno de cada tres niños sufre de acoso escolar. La burla sobre el otro se ha convertido en un arma letal que provoca violencia, abusos, maltrato, depresión, y en algunos casos el suicidio. Ahora entiendes por qué en el evangelio de Mateo leemos expresiones como *"¡Generación de víboras!"*, porque la burla y el abuso (que no respeta edades ni posición social) es un asesino del alma y de la vida misma.

Los datos cada vez son más sorprendentes. Según el estudio de la ONG *Internacional Bullying Sin Fronteras* para América Latina y España, realizado entre enero 2019 y enero de 2020, los casos de *bullying* en México continúan en aumento, donde 7 de cada 10 niños sufren todos los días algún de tipo de acoso. Las "Primeras Estadísticas Mundiales de Bullying", desarrolladas en colaboración por la ONG *Internacional Bullying Sin Fronteras* y la *Organización para la Cooperación y el Desarrollo Económicos* (OCDE), colocan al país azteca en lo más alto del podio de casos de acoso escolar o *bullying*.

Con los más de 40 millones de alumnos de los niveles de primaria y secundaria en México, tenemos un sufrimiento cotidiano que padecen unos 28 millones de niños y adolescentes, la población de Portugal, Bélgica, Uruguay y Chile juntas.[9] Es un círculo vicioso, los niños burladores o *buleadores*, como hoy se

---

9. Consulta en línea: https://bullyingsinfronteras.blogspot.com/2017/03/bullying-mexico-estadisticas-2017.html.

les llama, tomado del inglés *to bully*, son así por lo que aprendieron en casa o de las personas con quienes conviven, entre otros factores; y si este círculo no se rompe, será una repetición infinita de tales comportamientos.

Me apena y entristece ser el país número uno más burlón. No es algo de lo que deberíamos enorgullecernos, al contrario, debería ser vergonzoso. Te invito a romper este círculo. He aprendido que las personas felices no pierden el tiempo burlándose de los demás, sino que son las débiles las que necesitan humillar a otros para sentirse fuertes. La burla es, pues, para la gente infeliz, mediocre y envidiosa.

Elimina todo lenguaje de burla en tu familia, en el trabajo, en la iglesia u organización en la que estés involucrado.

Las palabras del chismoso son como bocados suaves, Y penetran hasta las entrañas.   (Proverbios 18:8)

> **Si quieres asumir el control del timón de tu persona, debes comenzar por cuidar lo que entra a tu mente y corazón.**

Sí, lo sé, la burla puede ser simpática, que se disfruta como un "bocado delicioso". Todos, por lo menos una vez, nos hemos comido ese bocado, incluso compartido. Pero ¡cuidado!, porque las burlas "penetran hasta las entrañas", por lo que toda burla que consientas sobre otra persona va acumulando un tesoro venenoso en tu corazón. Si quieres asumir el control del timón de tu persona, debes comenzar por cuidar lo que entra a tu mente y corazón. Mira lo que dice el siguiente proverbio:

Hay hombres cuyas palabras son como golpes de espada;
Mas la lengua de los sabios es medicina.

(Proverbios 12:18)

Así como la burla destruye, las palabras sabias son medicina. Rodéate de gente de buen decir, que con su hablar construya, nutra, levante, cuyo consejo sabio vaya sustituyendo todo aquello que se ha alojado en tu alma y corazón.

El corazón entendido busca la sabiduría;

Mas la boca de los necios se alimenta de necedades.

(Proverbios 15:14)

¡Busca la sabiduría, y aléjate de los burlones!

ENTRE CAUCES

Busca en Internet videos sobre aquellos espectáculos de antaño bajo carpa, o de obras donde salen payasos y personajes de los cuales el espectador se la pasa riéndose.

+ ¿Qué es lo que causa tanta risa?

+ ¿Cómo se ve aquella persona haciendo lo que provoca risa?

+ Del personaje del cual se ríen, ¿lo dignifican o lo humillan más?

+ Describe todos los aspectos y sentimientos que una persona puede sentir cada vez que alguien se burla de ella.

+ ¿Has tropezado alguna vez con algo que has dicho? Si es algo constante, ¿crees realmente tener el control del timón que es tu lengua, o es tu lengua la que tiene el control de tu persona?

+ Si alguien pidiera una descripción de ti por cómo hablas y por lo que dices, ¿qué crees que podría decir esa descripción?

_____

_____

_____

_____

_____

_____

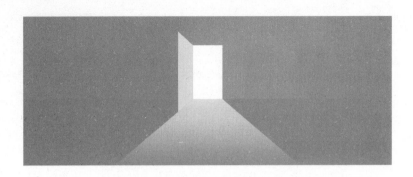

"APRENDER EL VALOR DE UNO
ES CUANDO DE LO
POCO SABES HACER MUCHO."

Día 17

LA ESCASEZ

DE CAUCE A RÍO PODEROSO

Este puñado tan pequeño se multiplicará por mil; este pequeño número será una gran nación. Yo soy el Señor, yo haré que se realice pronto, a su debido tiempo.
—Isaías 60:22, DHH

Durante los primeros años de RÍO, mi papá continuó con su negocio y mi mamá se enfocó más en el trabajo de la naciente iglesia. Al ser una comunidad de 40 personas, en su mayoría gente con necesidad, mis padres ayudaban demasiado. Recuerdo llegar a mi casa y ver personas comiendo en nuestra mesa, por lo que yo tenía que esperar a la segunda ronda, y eso cuando alcanzaba, porque había días que se acababa toda la comida; ¡incluso en varias ocasiones, había personas que ocupaban mi recámara!

Mis papás siempre han sido muy generosos, nunca les ha pesado dar a la gente, pero tengo que confesarles que esos primeros años fueron difíciles para nosotros como hijos, ya que estábamos acostumbrándonos a una vida diferente.

La comunidad cristiana de RÍO comenzó a crecer y cada vez la gente demandaba más: consejerías, reuniones, pláticas, congresos, resolver problemas matrimoniales y familiares, entre otras actividades. Por tanto, mis papás tuvieron que valorar la fuerte decisión de dedicarse solamente a atender a la iglesia.

Por supuesto que no era una decisión fácil, porque, entre otras cosas, el mayor impacto era en lo económico. Gozábamos de estabilidad financiera, pero una organización no lucrativa como lo es una iglesia es difícil que solvente un estilo de vida como el que el trabajo de papá nos daba. Al final, mis papás tomaron la decisión. No fue sencillo, sobre todo para mi papá, pero ambos dieron ese paso y confiaron que de lo poco podría suceder algo grande.

Dos etapas han sucedido en la historia de RÍO. La primera fue el tiempo de poner fundamentos, principalmente para nosotros como familia "de tiempo completo", pero también para los miembros de la iglesia. Si pudiera encontrar un nombre para esa primera etapa sería "escasez". Como era de esperarse, nuestro estilo de vida cambió drásticamente; tuvimos que aprender a vivir con poco, a elegir mejor.

Las vacaciones a los Estados Unidos se cambiaron por salidas a destinos en pesos; comprar ropa ahora ya no sería en las grandes cadenas o de marca, sino del mercadillo público. Las camionetas y autos cambiaron por transporte público. Aprendimos a vivir con lo poco, a trabajar fuertemente en la iglesia sin esperar nada a cambio, a depender de Dios literalmente.

La iglesia RÍO empezaba, era muy pequeña, nos reuníamos en el patio de mi casa y luego en un pequeño salón de fiestas. No había grupos en casa, mucho menos estudios de discipulado o academias para líderes, simplemente un pequeño grupo que se reunía semana tras semana. Hoy que lo veo en perspectiva, agradezco a Dios por esta etapa. Claro que en esos años no decía lo mismo, hubo días muy complicados, momentos donde mis padres querían tirar la toalla, días de angustia y desesperación, de no saber incluso qué dirección tomar. Pero al mismo tiempo, algo grande, muy grande, se estaba gestando en nosotros.

Para los que somos economistas, la palabra "escasez" es fundamental para entender la economía en general, ya que estudiamos las elecciones de los individuos y sociedades cuando enfrentan la escasez y la forma en que toman sus decisiones, basados en los recursos con los que cuentan.

Todas las personas tienen necesidades de bienes y servicios, pero la capacidad para producirlos con los recursos que hoy cuentan son limitados o escasos. *Escasez no significa que no haya nada, sino que hay poco en comparación con todo lo que hoy necesito o deseo.* Por tanto, tengo que tomar la mejor elección con lo que hoy tengo disponible.

Este principio no solamente tiene que ver con dinero, sino que aplica en mi vida diaria. Por ejemplo, si mis amigos me invitan a una reunión, y al mismo tiempo tengo una obra de teatro a la que me gustaría asistir, tengo el deseo de ir a los dos lugares. Pero como no puedo estar al mismo tiempo en el mismo lugar, tengo que decidir por una de las dos opciones. Jesús, el Maestro, en muchas ocasiones enseñó a tomar la mejor decisión basado en los recursos disponibles. Miremos juntos esta parábola:

Al oír eso, Jesús les puso este ejemplo: «Si alguno de ustedes tiene cien ovejas, y se da cuenta de que ha perdido una, ¿acaso no deja las otras noventa y nueve en el campo y se va a buscar la oveja perdida? Y cuando la encuentra, la pone en sus hombros y vuelve muy contento con ella. Después

llama a sus amigos y vecinos, y les dice: "¡Vengan a mi casa
y alégrense conmigo! ¡Ya encontré la oveja que había per-
dido!"   (Lucas 15:3-6, TLA)

En esta historia, el pastor de estas ovejas tiene 100, pero una
se va, así es que necesita tomar una decisión: *¿Dejo que se pierda*
esa oveja y decido quedarme con las 99? ¿Elijo solo por aquella una?
Esto podríamos cuestionarlo de esta manera:

¿Lo mucho o lo poco?

¿Lo bastante o lo escaso?

La decisión que muchos tomarían sería quedarse con las 99;
pero habrá otros que se arriesgarían a perder esas 99 con tal de
ir por una. Yo quisiera estar en los dos lugares, cuidando las 99
y buscando a la oveja perdida, pero no se puede, así es que con
los recursos que se tienen, se debe tomar una decisión. ¿Cuál
tomarías tú?

¿QUÉ QUIERO Y QUÉ PUEDO?

Son las dos preguntas que explican el principio de la escasez.
En el caso de esta parábola, el pastor decidió arriesgarse a perder
99 por buscar una, y así completar las 100. Para ese pastor el
valor de una era muy importante. Para otros tal vez no sea así,
y quedarse con 99 era suficiente para sus metas económicas.
Pero el pastor necesitaba las 100 para los objetivos económicos
o laborales que perseguía; digamos que era amante del riesgo. Y
soy igual que él, me gusta arriesgarme por ese uno. A pesar de
que ya cuento con 99, prefiero ir para contar con lo máximo que
puedo obtener. Porque he aprendido el valor de uno.

El valor de uno me ha ayudado a valorar lo poco que tengo;
aunque puedo tener 99, ir por ese uno te mantiene trabajando
en lo que es importante, enfocado y produciendo. En nuestra

iglesia trabajamos por medio de los grupos en casa; hoy somos más de 500 grupos, y uno de los primeros grupos fue el mío. En los inicios, durante cuatro años consecutivos no dejé de enseñar la Biblia a ese grupo.

He aprendido el valor de uno.

Hoy podría decir que ya no necesito hacerlo, pues ya tenemos muchísimos grupos. Pero el hecho de seguir haciéndolo me permite mantener la esencia de lo que hoy es RÍO: estar cerca de pocos, de las necesidades únicas de las personas. Puedo, además, ver al mismo tiempo lo micro y macro de nuestra organización, me mantiene cerca de la gente, y lo más importante: no olvido de dónde vengo.

Cuando había pocos, me hacía cargo de ese grupo; hoy que ya hay muchos, sigo atendiendo a ese grupo, porque me recuerda la enseñanza de Jesús: que, si somos fieles en lo poco, un día estaremos y lo seremos en lo mucho. Esto es lo que sucede cuando aprendemos el valor de uno:

> *Todos los de tu pueblo serán gente honrada, serán dueños de su país por siempre, retoños de una planta que yo mismo he plantado, obra que he hecho con mis manos para mostrar mi gloria. Este puñado tan pequeño se multiplicará por mil; este pequeño número será una gran nación. Yo soy el Señor, yo haré que se realice pronto, a su debido tiempo.*
>
> (Isaías 60:21-22, DHH)

¡Está hablando de aquellos que hoy son los dueños de un país! La nación de Israel. ¡Pero una vez fueron retoños de una planta!

¿Lo puedes ver? De esa única planta, esto es, de una persona, Abraham, surgió un puñado pequeño; no dice el número, pero supongamos cien, y de eso se multiplicó a mil, y de los mil a una gran nación. ¡Pero todo empezó con uno!

Así que no importa que hoy tengas poco. *Tu enfoque en el uno no debe ser para ver lo que no tienes o te hace falta, sino para proyectar cómo hacer crecer eso que tienes.* Planea, hazlo con excelencia, y ese uno, lo que tienes ahora, pronto se convertirá en cien veces más. Pero, cuidado, nunca olvides seguir cuidando ese uno que te llevó a lo que hoy tienes. Siendo así, entonces, la escasez no es que no tengas, es simplemente saber tomar decisiones mejores con lo que hoy tienes.

En la actualidad, estamos viviendo la segunda etapa en RÍO, una temporada donde somos más y alcanzaremos más. Somos ya una iglesia de más de cinco mil personas, con quinientos grupos en casa, con trece sedes esparcidas en la Ciudad de México, Estado de México, Hidalgo, Tlaxcala, Campeche y San Luis Potosí.

¿Quisiera más? Sí, pero, aunque un día estemos en todo México, no dejaré de asistir al uno semana a semana, a ese grupo de estudio bíblico en el que empecé, y que me llevó a lo que hoy tenemos: un cauce que hoy es un RÍO Poderoso.

> **La escasez no es que no tengas, es simplemente saber tomar decisiones mejores con lo que hoy tienes.**

ENTRE CAUCES

Me impresiona conocer las historias de notables deportistas o artistas que una vez tuvieron o fueron mucho, y hoy no tienen nada o muy poco de la fortuna de sus años de gloria. ¿Qué habrá pasado? ¿Se habrán ido siempre por todo lo mucho y por lo poco ni se preocuparon? ¿La vida les jugó mal o no supieron prepararse para administrar la escasez?

+ ¿Eres tú de esas personas que alguna vez "tuvieron" y hoy pareciera que "no tienes ni en qué caerte muerto"?

+ ¿Por qué estás ahora en tal situación?

+ ¿Cada día tu enfoque está en lo que no tienes?

+ ¿Has puesto atención en lo que sí tienes, y en lo que puedes hacer realmente con eso?

+ ¿Qué necesitarías hacer para comenzar a enfocarte en ese "uno" que tienes, de manera que seas fiel en lo poco y Dios te ponga sobre mucho?

+ ¿Cómo puedes multiplicar ese poco que hoy tienes?

+ Cuando has tenido, ¿has mostrado misericordia en ayudar a otros?

_____

_____

_____

_____

_____

_____

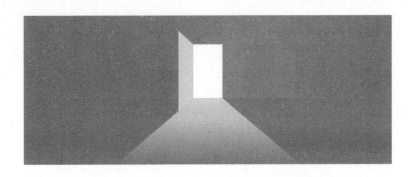

"DESPUÉS DE LA TORMENTA,
ESTÁ LA PUERTA HACIA UNA
NUEVA REALIDAD."

Día 18

LA TORMENTA

ESPERAR, NO DESESPERAR

*Ustedes no han pasado por ninguna prueba que no sea
humanamente soportable. Y pueden ustedes confiar en
Dios, que no los dejará sufrir pruebas más duras de lo que
pueden soportar. Por el contrario, cuando llegue la prueba,
Dios les dará también la manera de salir de ella,
para que puedan soportarla.*
—1 Corintios 10:13, DHH

Nos encontrábamos de viaje mi esposa y yo, habíamos decidido
tomar un ligero descanso en su país natal. Llevábamos apenas
dos días, cuando de repente vemos en las noticias que Estados
Unidos no iba a permitir ningún vuelo de Europa debido a la
pandemia del COVID-19 que se había desatado en todo el
mundo.

De inmediato tomamos la decisión de regresarnos a México,
ya que la epidemia estaba por desplegarse en todo el mundo y
es sabido ya cómo se cerraron los vuelos internacionales. Al

principio pensé que sería algo que pasaría muy rápido, y que con algunas medidas de precaución sería suficiente; sin embargo, estábamos por vivir los días de una crisis sanitaria mundial.

Las tormentas son necesarias para avanzar hacia otro nivel o realidad.

Con esto, me vino a la mente una conferencia que compartí y que lleva por título "¡Cuidado cuando estés en las tormentas!". *Las tormentas son aquellas pruebas, crisis, tiempos difíciles y momentos que suceden en la vida de toda persona, situaciones violentas que generan inestabilidad.*

Hay tormentas y tormentas. Están aquellas que nos azotan y orillan a tomar decisiones muchas veces urgentes e improvisadas, que sacan lo peor o mejor de cada persona, que provocan sentimientos de renuncia, estancamiento y rutina. Pero también hay aquellas que son tiempos en los que puede salir lo mejor de nosotros, que nos conducen a decidir de forma importante, que fortalecen, despiertan la creatividad, la innovación, etc.

Sin duda, las tormentas son necesarias para avanzar hacia otro nivel o realidad. Por tanto, es necesario aprender a identificar en qué tipo de tormenta queremos estar. En aquella enseñanza hablé de cómo identificarlas para saber cómo enfrentar cada una de ellas. Identifico tres tipos de tormentas que pueden presentarse en algún momento de tu vida.

1. *Las que tú provocas* por las decisiones que tomas, aun sabiendo que no son correctas. Debes saber que habrá siempre consecuencias de lo que estás provocando con tales decisiones. Este tipo de tormentas son las más comunes y sutiles, son las que te afectan más porque cuesta trabajo reconocer los propios

errores y asumir la responsabilidad. Dios te perdona, pero las consecuencias no.

Estoy muriendo de dolor; se me acortan los años por la tristeza.

El pecado me dejó sin fuerzas; me estoy consumiendo por dentro. (Salmos 31:10, NTV)

¿Sabías que la tristeza acorta los años, que las cosas incorrectas te quitan las fuerzas y que tus decisiones precipitadas te consumen por dentro?

Dios te perdona, pero las consecuencias no.

Conozco al Dios que perdona una y otra vez. Él no tiene problema en hacerlo cuantas veces sea necesario, porque nos ama. Sin embargo, las consecuencias de nuestros actos son inevitables. Mis hijos Ian y Hannah, de tres y dos años, respectivamente, han aprendido a pedir perdón cuando se equivocan. Es muy bonito, como papá, escuchar cuando reconocen sus errores, pero al mismo tiempo les hemos enseñado que ciertos actos que hicieron tendrán consecuencias.

Es muy fácil decir estos principios, pero practicarlos, no tanto. *Los errores de las malas decisiones son momentos o años de vida que ya no se recuperan.* Aprende a identificar cuándo se trata de una tormenta que tú mismo hayas creado, porque te ayudará a madurar; no podrás evitar las consecuencias, pero aprenderás mucho.

2. *Las inesperadas.* Quisiera poder decirte que nunca llegarán malas noticias, pero sí, llegarán, y golpearán fuertemente contra tu vida.

¿Cómo lidiar con este tipo de tormentas? Solo con preparación y entrenamiento. Sir Edmund Hillary, quien fue la primera persona en llegar al Everest en 1953, dijo: "Monte Everest, tú nos has vencido; pero volveré y te venceré, porque tú no puedes hacerte más grande, pero yo sí".

En otras palabras, cuanto más preparado y entrenado estés, será más fácil superar adversidades. Nunca sabes cuándo va a ser el día en el que vas a enfrentar tormentas y retos de la magnitud del Everest, pero ten por seguro que llegarán. Por tanto, estudia, lee, asiste a seminarios, termina tu carrera, haz una maestría, toma cursos virtuales, invierte en ti, rodéate de gente más capaz que tú porque cuanto más te prepares, podrás vencer más fácil las tormentas.

Lo segundo que te ayudará a navegar en estas tormentas será la paciencia, porque muchas veces, ante la tormenta, no hay más que hacer que esperar. La paciencia te acercará más a tu propósito, la impaciencia te alejará. No hablo de pasividad, que se mueve por dondequiera la lleva la tormenta, no; hablo de paciencia activa, que significa que sigo trabajando, esforzándome, sembrando, aunque de momento no vea nada, pero tarde o temprano la cosecha llegará.

La paciencia te acercará más a tu propósito, la impaciencia te alejará.

3. *Las que te hacen crecer.* Dios en su soberanía mandará tormentas que simplemente serán pruebas para hacerte más grande y fortalecerte en determinadas áreas. Estoy convencido de que cada tormenta que Dios permite es porque sabe que podemos

vencerla, porque Él ya te ha aprobado y sabe que puedes lograrlo. Es cuestión de confiar en Él.

Ustedes no han pasado por ninguna prueba que no sea humanamente soportable. Y pueden ustedes confiar en Dios, que no los dejará sufrir pruebas más duras de lo que pueden soportar. Por el contrario, cuando llegue la prueba, Dios les dará también la manera de salir de ella, para que puedan soportarla.   (1 Corintios 10:13, DHH)

Por más duras que sean, podrás soportar las tormentas de prueba. Si confías en Dios, no te vencerán, ni te cansarás; aunque te agotes, al final vencerás. También, cada vez que se presente una tormenta, considera que la salida ya está dispuesta, porque Dios jamás te mandará una prueba sin tener ya la puerta. Es como cuando un profesor aplica un examen, y él ya tiene la clave de respuestas.

Así es Dios, de manera que ten completa confianza ante lo que esté sucediendo hoy en tu vida, en tu matrimonio, en tu familia, con tus hijos. Si crees en Dios, ten por seguro que saldrás adelante. Hay misterios del Creador que nadie puede descifrar ni entender, y si estás pasando por una tormenta que no entiendes por qué ni para qué, solamente navega confiando en Dios, porque *al final, Él es el único que sabe el propósito detrás de todo.*

Bajo la tormenta no debes tomar decisiones en base a emociones.

Frente a cualquiera de estos tres tipos de tormenta somos vulnerables, y son los momentos donde más expuestos estamos a tomar las peores decisiones sin considerar las consecuencias. He aprendido que frente a la tormenta hay que esperar para tomar decisiones. Por supuesto, cada tormenta es una situación demandante que exige decidir cosas, solo cuídate de que estas no sean basadas en tus emociones. No te precipites. Bajo la tormenta no debes tomar decisiones en base a emociones, echa mano de lo que tienes, de la información, considera posibilidades, echa mano de tu preparación, de tu entrenamiento y, sobre todo, de la confianza plena en Dios.

ENTRE CAUCES

+ ¿Puedes recordar la consecuencia más difícil que hayas tenido que enfrentar por una decisión tomada bajo una tormenta?

+ ¿Qué sensaciones y sentimientos te embargaban cuando tomaste esa decisión?

+ ¿Tenías en ese momento toda la información necesaria y el tiempo suficiente para tomar la decisión adecuada? ¿Por qué no lo hiciste?

+ ¿Cuál es la tormenta que estás sufriendo en estos momentos? Ora delante de Dios para que te fortalezca en confianza, te dé sabiduría para tomar decisiones y te llene de fuerzas. Si es una tormenta que tú has provocado, pide perdón a Dios, y pide perdón, también, a quienes hayas hecho mal con lo que hiciste o por las decisiones que tomaste.

_____

_____

_____

_____

_____

_____

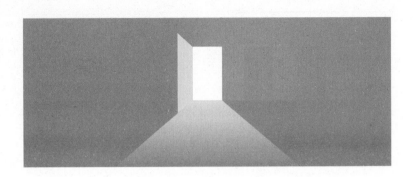

"DEJA DE TRASTABILLAR EN LA CUERDA, COMPENSA Y MANTÉN EL EQUILIBRIO."

Día 19

EL DESEQUILIBRIO

EL OTRO LADO DE LA FUERZA

Y Jesús crecía en sabiduría y en estatura, y en gracia para con Dios y los hombres.
—Lucas 2:52

El *punto de equilibrio* para cualquier negocio o empresa lo es todo. Y en la vida, también lo es. En lo financiero, para lograr el equilibrio se deben considerar varios factores como tiempo, costos y ventas, entre los más importantes. Se deben analizar en conjunto para llegar al equilibrio. ¿Por qué es tan importante el punto de equilibrio? Porque es el momento justo cuando se logra que los ingresos totales por venta sean iguales a los costos totales. Es precisamente cuando se dice que la empresa es *rentable*, y debe mantener ese ritmo de producción y ventas.

Este principio es igual de fundamental para vivir. No quieras ganar si no has llegado al equilibrio. Durante la pasada pandemia del COVID-19 se definieron ciertas actividades económicas como "esenciales". Por tanto, estas no pararon de realizarse porque hacían que la economía no se detuviera en su totalidad. En la vida también hay áreas que son esenciales, y debemos atenderlas para que todo lo nuestro se mueva como debe ser, con equilibrio.

¿Cuáles son esas áreas?

Cultivar tu espíritu. Y para ello, usaremos una ilustración de un barco carbonero británico que había sido destinado a una expedición botánica en el Pacífico: "El capitán William Bligh y dieciocho miembros de la tripulación leales a él, fueron abandonados a la deriva en un bote pequeño. Pasaron semanas. El capitán ordenó terminar los días con oraciones y lecturas de la Biblia. Cuando fueron rescatados, los hombres atribuyeron su supervivencia al hecho de haber prestado atención a sus necesidades espirituales".

Alimentar el espíritu no es algo religioso, sino lo necesario para vivir, pues el origen de nuestra vida está en nuestro espíritu. El Creador depositó su espíritu en nosotros, y necesitamos estar conectados a esa fuente.

El espíritu es la vida misma que el Creador nos impartió.

Mi autor admirado, Myles Munroe, en su libro *El Espíritu de liderazgo*,[10] dice: "El Creador vertió su propia naturaleza en los seres humanos cuando estableció su naturaleza, y este es el origen de nuestro liderazgo del espíritu". El origen de la vida está en el espíritu, por tanto, debemos alimentarlo y nutrirlo. El espíritu es la vida misma que el Creador nos impartió. Así que

---

10. Whitaker House, 16 de diciembre de 2005.

no habrá nunca equilibrio si no alimentamos correcta y constantemente nuestro espíritu.

Debes mantener una buena salud física. Qué verdadero es aquel dicho: "Somos lo que comemos". Y es que, en realidad, somos lo que nuestros hábitos son. ¿Tu manera de comer, dormir y ejercitarte te conduce en la dirección saludable, o vas en sentido contrario? La salud es fundamental. Come bien, toma vitaminas, haz ejercicio, descansa, aparta tiempos para relajarte, el tiempo libre es saludable, procura vacaciones, ríe mucho. Cuando a modo descanso para el cuerpo, bajamos la velocidad y el ritmo bajo el cual vivimos, eso nos permite analizarnos, evaluar y confirmar la visión.

Edúcate. Es un proceso que no debe interrumpirse jamás, y va más allá de la educación formal.

No camines por la vida trastabillando en la cuerda, logra el equilibrio y mantenlo.

+ Equilibrio entre trabajo y descanso.

+ Equilibrio entre la carrera y la familia.

+ Equilibrio entre bienestar material y la vida espiritual.

+ Equilibrio entre prudencia y libertad.

Gary Keller, autor de *Solo una cosa*, explica el equilibrio desde otro punto de vista que me parece fundamental:

"El problema está en que cuando nos centramos en lo que es de verdad importante, siempre hay algo que queda desatendido. Por mucho que nos esforcemos, siempre quedarán cosas por hacer al final de la jornada, de la semana, del mes, del año y de la vida. Dejar cosas sin hacer es una contrapartida necesaria cuando se quieren obtener resultados extraordinarios. Pero no puedes dejarlo todo sin hacer, y ahí es donde entra el juego del contrapeso. *La idea del contrapeso es no ir nunca tan lejos del centro que no encuentres después el camino de vuelta, ni alejarte tanto tiempo que no te quede nada a lo cual recurrir cuando regreses".*

Equilibrio, contrapeso, ambos se vuelven uno a la hora de definir prioridades. Un error es dejar que las prioridades "para ayer" definan qué hacer y qué no, que sean el punto de partida del equilibrio. Debe ser todo lo contrario: ordenar cada cosa por hacer, haciendo contrapeso entre lo urgente y lo importante, entre el ahora y la siembra, permitirá ver el camino al final del túnel de manera satisfactoria. El punto de equilibrio.

Lo dicho por Keller cobra más sentido cuando habla de "las versiones cortas y largas del contrapeso", donde básicamente es optar por desequilibrios cortos y evitar perder el equilibrio durante periodos prolongados. Por ejemplo, durante la cuarentena de 2020 tuve que sacrificar un poco el descanso y el ejercicio para escribir este libro.

Significa que hice un ajuste de contrapeso por un corto tiempo en estas dos áreas, pero después retomé o equilibré. Es solo por un lapso, no es para quedarse así siempre. De este modo, tuve que jugar con el contrapeso todo este tiempo, y ahora es momento de volver a equilibrar.

Siempre tengo tiempo especial con mi esposa. Antes del encierro íbamos a comer a un restaurante porque nos encanta probar nuevos lugares. Por lo menos íbamos una o dos veces a la semana. En el aislamiento, tuve que ajustar con cena en la casa y ver una serie tirados en el sofá. El tiempo semanal con mi esposa no es negociable.

Con mis hijos por lo menos dos veces a la semana vamos a la plaza a caminar, a los juegos y a comer pizza. Durante la pandemia fue regar el pasto, mojarnos, bañarnos juntos, comer helado y cantarles antes de dormir.

Mi vida espiritual siempre ha estado acompañada de la lectura de la Biblia y la oración. Esté o no en confinamiento, esto es algo no negociable.

Mis pasatiempos antes del aislamiento eran irme una o dos veces con mis amigos al cine, a comer tacos, o simplemente invitarlos a mi casa a cenar. Durante el distanciamiento social fueron noches a través de *Zoom* y pláticas por *WhatsApp* (tengo que aceptar que esta área fue más difícil suplirla).

Los viajes con la familia de mi esposa o a congresos nos ayudan a mejorar como líderes, por lo que siempre han estado presentes por lo menos tres veces al año.

Las vacaciones las vemos como fundamentales en nuestra familia, porque el descanso nos renueva y enfoca en la visión.

Los domingos nunca han sido negociables. Me encanta pasarlos en la iglesia. Desde niño así ha sido y hasta el día de hoy es algo que disfruto bastante.

Me gusta prepararme, leer, estudiar, ir a seminarios y congresos. Nunca lo veo como un gasto, sino como inversión, porque creo que la educación debe ser una constante.

En Lucas 2:52 leemos que la vida de Jesús se desarrollaba en cuatro áreas. Primero, la *sabiduría*. ¿Qué lees?, ¿qué ves?, ¿con quién platicas?, ¿qué escuchas?, ¿de qué llenas tu cabeza y corazón? Segundo, *crecía en estatura*, el resultado propio de una correcta alimentación, actividad física constante y descanso. Cuando estuve en Israel, me sorprendió entender cómo Jesús cuidaba su cuerpo. ¿Sabías que al menos caminaba dos horas diarias a la casa de su amigo Lázaro?, Una hora de ida y otra de regreso, y ese sendero no era tan fácil de caminar. En aquellos tiempos, recorrer esos caminos no era fácil.

Tercero, *Jesús mantenía una relación fuerte con su Padre celestial*, constante. Tenía su monte preferido para ir a estar delante del Padre, por eso les dijo a sus discípulos: "*¿No han podido al menos velar una hora?*". (Mateo 26:40). Si aun el Hijo de Dios cuidaba esta relación devocional, ¿cómo no hemos de hacerlo nosotros?

Y, en cuarto lugar, *Jesús crecía en gracia para con los hombres*, esto es, contaba con el favor de las personas, pues, sin duda, era un hombre respetuoso y de una sola pieza, que respetaba a las autoridades. Fue obediente con su familia donde nació y cuidaba a los de su familia nueva (los discípulos), era un hombre trabajador. Toda persona con estas características, sin duda, siempre será visto con buenos ojos, con gracia.

Si el líder más grande de la historia mantuvo el equilibrio en las áreas esenciales de su vida, es porque jugaba con los contrapesos, que bien colocados construyen un "varón perfecto", ejemplo para todo cristiano. ¡Busca el equilibrio, sí se puede!

ENTRE CAUCES

La siguiente es una lista de áreas que son primordiales para cuidarte a ti mismo. Al lado de cada una quiero que escribas tres acciones que te ayudarán a mejorar.

+ Familia

+ Amigos

+ Espíritu

+ Pasatiempos personales

+ Salud general

+ Sueño

+ Ejercicio físico

+ Alimentación

_____

_____

_____

_____

_____

_____

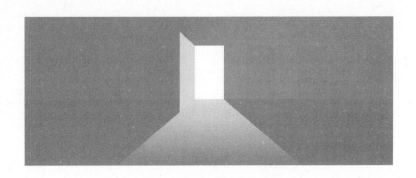

"LA IGNORANCIA ES LA
PÉRDIDA DE UNA VIDA GOTA A
GOTA, CONSTANTE."

Día 20

LA IGNORANCIA

LA CARRERA FINAL POR TU REINO

Pues los líderes de mi pueblo, los guardianes del Señor,
sus pastores, son ciegos e ignorantes. Son como perros
guardianes silenciosos, que no advierten cuando viene el
peligro. Les encanta estar echados, durmiendo y soñando.
—Isaías 56:10, NTV

Es imposible que alguien pueda saberlo todo y conozca todas las respuestas. Sin embargo, soy una persona a la que le apasiona aprender, además de que pienso que la educación y el conocimiento son llaves que abren puertas únicas. En casa se me inculcó el valor de la educación. Como has leído en capítulos anteriores, la educación formal ha sido fundamental en mi formación como persona, esposo, padre, profesional y líder. Otro valor arraigado en mí es el respeto a la autoridad, empezando por mis padres, profesores, pastores y gobernantes. Sin duda, la educación y el respeto van de la mano.

Con la llegada de la Internet, y con esto la llamada "Sociedad de la información y conocimiento", es abrumadora la cantidad de información que circula a través de nuestras redes sociales. Yo todavía fui de la generación que estudió en las bibliotecas, pidiendo libros para llevarlos a casa y realizar mis tareas. Por supuesto que la Internet también fue mi herramienta en la escuela, pero aún no era como hoy, que todo está en la red mundial.

Estos beneficios han venido acompañados también de retos por resolver. Una adolescente hace unos días me explicó que existen aplicaciones que hacen las tareas, por ejemplo, los ensayos, sin plagio y sin que el profesor se dé cuenta. ¡Me sorprendí! La cuestión, entonces, es: ¿La Internet facilita el estudio o contribuye a la ignorancia?

La ignorancia es un virus mortal, cuya enfermedad es el fracaso y la pobreza. La ignorancia es la pérdida de una vida gota a gota, constante. Un ejemplo de esto son las noticias falsas que circulan en Internet, y que durante la pandemia han sido cosa de todos los días. El problema es la forma en la que estas noticias se reproducen al ser *reposteadas* en redes sociales por las personas y sin siquiera haberse dado el tiempo de investigar, aunque sea un poco al respecto.

> **La ignorancia es un virus mortal, cuya enfermedad es el fracaso y la pobreza.**

Lo más sorprendente es que muchas noticias ya habían caducado ¡y la gente las seguía compartiendo! Ni en la fecha se fijaban. Eso significa que ni siquiera las leían. ¿Puedes creerlo? Luego, con esto viene el tsunami de opiniones sin ton ni son, con

pleno desconocimiento, de forma más visceral que informada...
y de ahí las peleas y pérdida de amistades "del Face".

*Compartir cualquier publicación sin, por lo menos, interesarse
en leerla e indagar algo más para ver de dónde viene, es una forma
de manifestar ignorancia.*

La verdad es que en lo digital hay tan buena y valiosa información que solo es cuestión de tener tantito interés para tomarla y con ella crecer. Pero se va tanto tiempo en videos de bromas, de las últimas notas del espectáculo, memes, y cosas sin relevancia, que más allá de entretenernos, el tiempo invertido en demasía en esto contribuye a la ignorancia.

CONSUMIDORES INTELIGENTES

No se trata de ser muy intelectual o el más estudioso, pero tampoco es ser de esos que "donde va Vicente ahí va toda la gente". El tiempo que vivimos con tanta variedad y fuentes de información es, de verdad, fascinante, por lo que no cabe la ignorancia por la carencia de recursos. Seamos de los que construyen una sociedad más analítica y educada, que sepa qué información consumir, pero también desechar, que sepa elegir con inteligencia.

¿Sabías que de lo que alimentes tu intelecto y espíritu, eso hablarás y vivirás? En la pandemia fue sorprendente ver cómo se desplegaron recursos de todo tipo: cursos, libros gratis, estudios bíblicos, *webinars*, universidades ofertando diversos cursos, todo a disposición y gratis. Quien no quiso tomar alguno y pelear contra la ignorancia, como en el juego de mesa *Maratón*, es porque no quiso.

RESPONSABILIDADES COMPARTIDAS

La ignorancia no solo es problema del consumidor de contenidos, también lo es de aquellos que lo generan. Desafortunadamente el contenido breve, incendiario, en video corto, y que exige menos ejercicio mental, es el que se hace viral en segundos. Durante la cuarentena de 2020 me llevé muchas sorpresas al ver, por ejemplo, a líderes expresándose mal de sus autoridades, retándolos, y ¿qué decir de los memes? No pararon. Pelear contra la ignorancia es no estar de acuerdo con alguien, pero respetarlo. Pelear contra la ignorancia es encontrar los caminos para resolver diferencias.

En Latinoamérica no necesitamos confrontación, sino encontrarnos. El profeta Isaías habla en contra de la ignorancia y de la pereza, y principalmente a aquellos que ejercen algún tipo de liderazgo. Somos llamados a estar alertas, a cuidar del peligro, a dejar la comodidad y de estar durmiendo. *Ser líder, guardián, pastor, implica no ser ignorantes, sino esforzados en el conocimiento, porque de eso depende tu casa, tu familia, tu iglesia, tu nación.*

Pelear contra la ignorancia es encontrar los caminos para resolver diferencias.

Después de andar por el territorio durante cuarenta días, los espías regresaron a Cadés, en el desierto de Parán. Allí les contaron a Moisés, a Aarón y a todos los israelitas lo que habían visto, y les mostraron los frutos que habían traído de ese territorio.

Y le dijeron a Moisés:

—*Fuimos al territorio adonde nos enviaste. Es un territorio muy fértil; ¡allí siempre habrá abundancia de alimentos! Mira, éstos son los frutos que se dan allá. Lo malo es que la gente que vive allá es muy fuerte, y han hecho ciudades grandes y bien protegidas. ¡Hasta vimos a los descendientes del gigante Anac! En el desierto viven los amalecitas, en las montañas viven los hititas, los jebuseos y los amorreos, y entre el mar y el río Jordán viven los cananeos. La gente comenzó a murmurar, pero Caleb les ordenó callarse y les dijo:*

—*¡Vamos a conquistar ese territorio! ¡Podemos hacerlo!*

Pero los otros que habían ido con él empezaron a desanimar a los israelitas diciéndoles que el territorio era malo.

—*¡No lo hagan! —les decían—. ¡No podremos vencer a gente tan poderosa! ¡Los que viven allí son gigantes, como Anac! ¡Ante ellos nos veíamos tan pequeños como grillos! Además, es un lugar en donde no se puede vivir. Es tan malo que la gente se muere como si se los tragara la tierra.*

(Números 13:25-33, TLA)

Mismo lugar, mismas condiciones y circunstancias, pero diferente reporte. ¡Te das cuenta! ¿Cuál era la diferencia? Veamos los argumentos:

Lo malo es que la gente que vive allá es muy fuerte. ¿No será, más bien, que conquistar un "nuevo territorio" te va a exigir fuerza y trabajo?

La cárcel más peligrosa es la comodidad.

Han hecho ciudades grandes y bien protegidas. ¿No será, más bien, que ese nuevo territorio exige más de ti?

¡Hasta vimos a los descendientes del gigante Anac! ¿No será, más bien, que se exigirán de ti ciertas competencias?

No era la batalla, no eran los gigantes, no era la dimensión de la nueva tierra, era la exigencia de salir de su zona de confort. La cárcel más peligrosa es la comodidad. Lo que más sorprende es que primero hablaron bien de la tierra, y luego mal, esa contradicción de primero "sí" y luego "no" es característico de la ignorancia, que prefiere quedarse mejor en donde está, es decir, la ley del mínimo esfuerzo.

> **No deseches la sabiduría, mira que por la ignorancia puedes perderlo todo.**

La ignorancia te entroniza en la comodidad, pero se termina cuando decides pararte y pelear contra ella. Solo así podrás conquistar.

La ignorancia tiene voz, múltiples voces. Ten cuidado con ellas, porque quieren frenarte, que no decidas, que no te avientes, bloquean el pensamiento, te hacen retroceder, te hacen perder.

No deseches la sabiduría, mira que por la ignorancia puedes perderlo todo.

Mi pueblo fue destruido, porque le faltó conocimiento. Por cuanto desechaste el conocimiento, yo te echaré del sacerdocio.   (Oseas 4:6)

ENTRE CAUCES

+ ¿Has jugado el juego de preguntas y respuestas *Maratón*?

+ ¿Qué se siente cuando avanza la ignorancia?

+ Peor aún, ¿qué se siente cuando gana la ignorancia?

> ¿Te das cuenta cómo unas simples preguntas pueden evidenciar lo "ignorantes" que somos en muchos temas? Ahora piensa que no fueran preguntas, sino asuntos de la vida, donde que gane la ignorancia puede costarte "tu reino".

+ ¿Qué estrategia podrías planear en contra de la ignorancia?

_____

_____

_____

_____

_____

_____

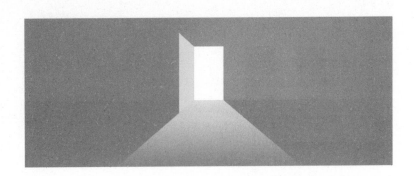

"NUESTRO EQUIPO LO ES

Y HA SIDO TODO."

Día 21

EL ANONIMATO

DIOS HONRA A LOS QUE LE HONRAN

*Ya no los llamo sirvientes, porque un sirviente no sabe lo
que hace su jefe. Los llamo amigos, porque les he contado
todo lo que me enseñó mi Padre.*
—Juan 15:15, TLA

En 2006 asistí por primera vez a *Casa de Dios*, la iglesia del
pastor Cash Luna, en Guatemala. Salí con un gran desafío al
ver todo lo que habían logrado en aquel país: un auditorio de
primer nivel con aproximadamente cuatro mil butacas, y empe-
zaban con planes para un auditorio de doce mil. ¡Qué impresión! Algo pasó en mí aquel día, se encendió una llama. Lo que
había visto lo quería ver en mi país también.

Una de las imágenes que se quedó muy marcada en mi corazón fue la del gran equipo que operaba durante aquellas instalaciones y programas todos los días. Gente que trabaja con
excelencia, organización y una logística perfecta. Y entendí al

instante que además del gran líder que los dirigía, había un gran equipo operando detrás.

Llegué a México, y lo primero en lo que me enfoqué fue en formar un equipo. Empecé con llamar a tres personas; por supuesto que yo quería ver cientos, pero debía aprender a tener paciencia, porque para formar un gran equipo se necesita tiempo.

La iglesia RÍO ya seguía su curso y caminaba a su ritmo, mis papás eran los pastores principales y yo el líder de jóvenes. Comencé a formar el equipo que atendería a todos los jóvenes y adolescentes; lo que no sabía en ese momento era que al mismo tiempo se estaba consolidando también un liderazgo que revolucionaría nuestra iglesia.

No acabaría de contar todas las anécdotas que he vivido al lado de este equipo, pero han sido desveladas, diferencias, pérdidas, triunfos, tristezas, preocupaciones y muchas otras vivencias más. Pero recuerdo una ocasión en particular cuando un día les dije que necesitábamos firmar un contrato en blanco, porque sabía hasta *dónde* podemos llegar, pero no sabía *cuánto* nos iba a costar llegar ahí, y que debíamos estar dispuestos a pagar el precio que fuera necesario.

El reconocido autor sobre temas de liderazgo, John Maxwell, en su libro *Las 17 leyes incuestionables del trabajo en equipo*,[11] dice al respecto: "Si el precio por ganar no lo pagan todos, entonces todos tendrán que pagar el precio por perder". Difícilmente un equipo llegará lejos si solamente algunos dan lo mejor de ellos. Me es muy difícil trabajar con personas que no dan el máximo, en primer lugar, porque me parece injusto para el resto, pero en segundo lugar, porque no me gusta la cultura de las sobras, así que si me voy a meter en algo, voy a dar lo mejor de mí y

---

11. Grupo Nelson, 1ro. de junio de 2003.

espero que los que estén conmigo hagan también lo mismo. Esta ha sido la cultura de RÍO. Somos una organización de empuje, innovadora, de trabajo y mucho esfuerzo.

CUÁNTO MÁS ALTURA, MÁS FUERTE EL LIDERAZGO

No se puede aspirar a ir más alto si el liderazgo está débil. Habíamos tenido cuatro conferencias exitosas anuales de *Makers* en nuestro auditorio RÍO. Sin embargo, cuando estábamos por realizar la quinta edición 2016, sentía que iba a ser más fácil alcanzar el objetivo porque el equipo ya había agarrado experiencia.

Hoy me rodeo de aproximadamente cien grandes líderes y de un equipo de liderazgo global de más de mil personas; aun así, sabía que si nos acomodábamos conforme a la experiencia obtenida no iba a salir todo el potencial y no creceríamos más. Así es que lancé un desafío para hacer la conferencia en uno de los recintos más importantes de Latinoamérica: la nueva Arena Ciudad de México. Entonces ya no fue "fácil", sino muy difícil lograrlo.

Después de semejante vivencia, el sabor de boca es increíble, habíamos ido a otro nivel, rompimos nuestros límites. Y así, de ser solamente una iglesia, hoy ya somos trece sedes de RÍO. El equipo pasó entonces a ser de más de cincuenta leones, más de cien líderes increíbles y más de mil conforman todo el liderazgo de RÍO que nos rodea a mi esposa y a mí. *Ellos son los verdaderos héroes de todo lo que hemos alcanzado; son los líderes anónimos que hacen posible todo lo que hoy somos.*

¿Cuáles son los secretos que he encontrado para formar un equipo de anónimos que hacen la diferencia? Lo podría resumir en tres puntos principales:

Forma el enfoque y trabaja contra la indiferencia. El hecho de hacer muchas actividades no significa necesariamente avances. Aprendimos, como equipo, a enfocarnos en los goles y no solamente en jugar bien. Hasta el día de hoy seguimos perfeccionando eso. Pero lo que no aceptamos es la indiferencia, que para mí es uno de los venenos mortales que matan equipos y organizaciones.

> *También dicen: "¡Ay, qué fastidio!". Y con indiferencia lo desprecian», dice el* Señor *de los ejércitos, «y traen lo robado, o cojo, o enfermo; así traen la ofrenda. ¿Aceptaré eso de su mano?», dice el* Señor.
>
> (Malaquías 1:13, NBLA)

Al momento de jugar no podemos traer "lo robado, o cojo, o enfermo"; es lo peor que podemos hacer como equipo, dar lo que nos sobra. El equipo necesita entender con claridad lo que intentamos lograr para dar lo mejor de ellos. Si preguntas a mi equipo sobre el famoso "pizarrón", lo primero que sucederá es que van a reír con sarcasmo, porque saben que si no hay objetivos y metas solamente estamos jugando, pero no ganando.

Forma visionarios y trabaja contra el mero interés. ¿A cuántas personas que están en tu equipo solamente les importa lo que tienes, pero no la visión?

> *Aconteció que mientras Jesús iba camino a Jerusalén, pasaba entre Samaria y Galilea, y al entrar en cierta aldea, le salieron al encuentro diez hombres leprosos, que se pararon a distancia, y gritaron: «¡Jesús, Maestro! ¡Ten misericordia de nosotros!». Cuando Él los vio, les dijo: «Vayan y muéstrense a los sacerdotes». Y sucedió que mientras iban, quedaron limpios. Entonces uno de ellos, al ver que había sido sanado, se volvió glorificando a Dios en alta voz. Cayó sobre*

su rostro a los pies de Jesús, y le dio gracias; y este era sama-
ritano. Jesús le preguntó: «¿No fueron diez los que quedaron
limpios? Y los otros nueve, ¿dónde están? ¿No hubo ninguno
que regresara a dar gloria a Dios, excepto este extranjero?».
Entonces le dijo: «Levántate y vete; tu fe te ha sanado».

(Lucas 17:11-19, NBLA)

Con esta parábola, Jesús mismo enseñó que habría personas que solamente estarían ahí por lo que pueden recibir de ti, y cuando su necesidad es suplida, te dejarán. Así fue en el caso de los leprosos. Todos querían estar con Jesús, aparentemente ser parte de su equipo, pero su objetivo era la sanidad, no ser parte de la visión. *Si tú estás en un equipo, hoy te pregunto: ¿estás por lo que te van a dar o por la visión que están consolidando?*

El recurso más grande que tiene el hombre para avanzar es una visión.

Para este tipo de personas todo es temporal, no sienten la visión, hacen el trabajo a duras penas porque lo que hacen no es de su interés a largo plazo. Están mirando a su alrededor buscando la luz más brillante, la escalera más reluciente o el edificio más alto. Y en cuanto ven uno, se van tras ese resplandor. ¡Ten cuidado! Con ellos, haz lo que Jesús: sánalos; pero no esperes construir un equipo que cambie el mundo con una mentalidad así.

El reto es lograr que el equipo que te rodea vea lo mismo que tú ves, que crezcan en la visión del líder, porque si hay visión, no estarán por intereses mezquinos. Me encanta ser visionario y correr junto a un equipo así, porque, sin duda, el recurso más grande que tiene el hombre para avanzar es una visión.

Forma la alegría y trabaja contra el descontento. Alegría es muestra de grandeza; descontento es muestra de algo pequeño. El descontento tarde o temprano te va a sacar del equipo, por tanto, mantente alegre, busca primero la felicidad en ti y luego en la visión. Además de la visión, consolida lazos de amistad con el equipo, sí se puede hacer grandes amigos entre los miembros del equipo. Mis mejores amigos son parte de mi equipo, y creo que por eso hemos permanecido juntos por años y logrado proezas. *Los equipos de amigos llegan lejos, son más productivos y permanecen por muchos años.*

Cuando tú eres feliz no necesitas los aplausos de los demás, te conviertes en un líder anónimo dentro de un equipo, y aunque tal vez sientas que nadie te ve, has encontrado tu posición clave, tu felicidad, tu enfoque, y eso es lo que vale la pena. Dios honra a los que le honran, y tarde o temprano saldrás del anonimato. Dios y la vida misma te van a recompensar todos esos años de entrega y pasión a una visión.

Alegría es muestra de grandeza; descontento es muestra de algo pequeño.

Este capítulo lo he escrito en honor a todos los líderes anónimos que han hecho posible lo que hemos alcanzado. Quiero poner sus nombres aquí, y que tú puedas conocerlos. Cada uno de ellos realiza una función específica en nuestra organización. Verás en muchos casos cuántos años llevamos juntos, porque más allá de lo que alguien nos pueda dar, sabemos para quién y por qué lo hacemos. Quisiera poner a todo el liderazgo global, pero no acabaríamos, hoy son más de mil. Siempre estaré eternamente agradecido con todos los que han hecho posible este sueño. Equipo de RÍO, GRACIAS por seguir la visión y pagar el precio. Y viene más por delante.

EQUIPO DE RÍO:

NOMBRE | FUNCIÓN | AÑOS EN EL EQUIPO

Aldair Martínez | Líder de Jóvenes y de Río Worship | 14

Ana Karen Martínez Lira | Líder de Jóvenes | 20

Andrea Hernández Ibáñez | Líder de Adolescentes | 13

Antonia Espinosa Martínez | Líder de Jóvenes | 14

Araceli Juárez Sánchez | Líder de Jóvenes | 7

Arely Herrera Rangel | Pastora de la Red Familiar | 22

Beatriz Aray Palomino García | Líder en Jóvenes y Coordinadora de RÍO Kids | 8

Beatriz Ramírez Garrido | Pastora de RÍO Oriente y Líder de Jóvenes | 14

Bianca Melissa Ruiz Arregui | Pastora Río Kids y Río LINDAVISTA | Toda la vida

Bruno Eduardo Castañeda Lozano | Director de producción y Pastor de Río las Américas | 18

Cristhian Josué Fuentes González | Líder en Río Ciudad del Carmen | 3

Damaris Esther Canto Vargas | Pastora de Río Tláhuac | 5

Ely Montiel Lara | Pastora de la Red de Matrimonios Jóvenes y Coordinadora de la Academia de Líderes | 22

Eric Cabrera Villa | Líder de Jóvenes | 10

Esther Abigail Chávez Mejía | Líder de jóvenes y Equipo de oficina | 21

Esther Chávez Montes | Pastora de Río Toluca | 13

Fernando Esteban Guerrero Castelán | Líder de Río Worship y de Jóvenes | 6

Francisco Javier Garduño Santoyo | Contador y administrador de Río y Pastor de Río Oriente | 14

Gustavo Gálvez Navarro | Director de Legendarios México | 15

Ingrid Michelle Chávez Montiel | Pastora de Adolescentes | 21

Irving Emanuel Calderón Martínez | Pastor de Adolescentes | 3.5

Jesús Iván Mateo García | Líder de Jóvenes | 8

Jonadab Gutiérrez Plata | Líder de Jóvenes y Asistente Pastoral | 6

Jorge Juárez López | Pastor de la Red Familiar | 13

Jorge Vargas Roque | Pastor de RÍO Tláhuac | 5

José Armando Morales Olvera | Líder de Jóvenes | 12

Joshua Escobar Evangelista | Líder de Adolescentes | 5

Josué Gabriel López Valle | Líder de Jóvenes | 17

Juan Javier Calva Hernández | Líder de Jóvenes | 7

Karen Monserrat Arriola Osornio | Producción | 7

Lemuel Fabián Rivera Pelcastre | Pastor de RÍO Tollocan y de Jóvenes | 11

Leonor Alejandra Betancourt Rodríguez | Pastora de Comunidad Río Tecámac | 10

Lorena Fonseca | Pastora de Río Sur y Líder de Jóvenes | 12

Luis Fernando Ling García | Líder de la Comunidad en Río San Luis Potosí | 3

Magdiel Bruno Martínez | Pastor de Río Progreso | 9

María Cristina Hernández Rivera | Pastora de Río Calpulalpan | 13

Mariana Rodríguez Ortuño | Pastora RÍO Tollocan y de Jóvenes | 5

Martín Pedro Gómez López | Pastor Río Calpulalpan | 12

Miguel Ángel Calderón Martínez | Líder de Jóvenes | 3

Moisés Venegas Serna | Pastor de Río Toluca | 13

Neith Denisse Vela Mazadiego | Directora Universidad RÍO Spiga, Campus CDMX | 18

Ofelia Márquez García | Pastora Río Tizayuca | 20

Raquel Elizabeth Chávez Mejía | Líder de Jóvenes | 21

Ricardo Escamilla Garduño | Líder de Jóvenes y Coordinador de Voluntarios | 15

Roberto Yair Palomino García | Líder de Adolescentes y Coordinador de Kids | 8

Rogelio Fonseca | Pastor Ejecutivo de Río y de Río Sur | 8

Samuel Ríos Martínez | Pastor de RÍO Tecámac | 10

Víctor Manuel Francisco Ortiz | Pastor de Río Tizayuca | 20

Yelideth Teapa Meza | Líder de Jóvenes | 18

"LA BUENA TIERRA ES FÉRTIL;
SI HAY INFERTILIDAD,
PREGÚNTATE POR QUÉ."

Día 22

LA INFERTILIDAD

PREPÁRATE Y PRODUCE

*Y éstos son los que fueron sembrados en buena tierra: los
que oyen la palabra y la reciben, y dan fruto a treinta, a
sesenta, y a ciento por uno.*
—Marcos 4:20

Michelle y yo llevábamos cuatro años de casados, habíamos disfrutado bastante nuestro matrimonio, estábamos en una etapa de consolidación hacia el futuro... y seguíamos como novios. Todos los viernes comíamos por la zona donde yo trabajaba, regresaba un par de horas a la oficina y después nos íbamos al cine; amé aquellos días.

Al mismo tiempo, éramos líderes de jóvenes; pudimos conocer muy de cerca las vicisitudes de esta juventud. Logramos consolidar un equipo increíble para las reuniones de más de 500 jóvenes cada sábado; al paso del tiempo fue tanto el crecimiento que llegamos a tener dos reuniones. Por mi trabajo era complicado viajar, pero cada vez que podíamos lo aprovechábamos al máximo. No puedo quejarme, fue una etapa que recuerdo con cariño y nostalgia a la vez.

Pero llegó el tiempo de hablar de hijos. El momento de decidir si queríamos entrar a la etapa de ser papás. Ambos anhelábamos entrar a esa etapa, aunque sabíamos que sería un cambio en nuestro estilo de vida y que ahora tendríamos que menguar para cuidar de alguien más. Lo decidimos, y pensamos que sería un proceso sencillo el embarazo de Michelle; sin embargo, no fue así.

Pasaban los meses y no se embarazaba; yo simplemente le decía que el momento llegaría, que no se preocupara. A Michelle casi no le gusta angustiarme con los problemas que a veces enfrenta, y tampoco le gusta exagerar las cosas. Lo que yo no sabía es que el doctor, en una de las revisiones periódicas, le comentó con tristeza que había infertilidad en nosotros. El día que le entregaron los resultados fue un día muy difícil para mi esposa, e hizo precisamente lo que acabo de mencionar: se lo guardó con valentía y no me dijo nada. Por mi parte, solo pensaba que quedaría embarazada en cualquier momento.

Pero un día, noté a Michelle diferente, su estado de ánimo no era el mismo, estaba cabizbaja; fue entonces que me habló de por qué no quedaba embarazada. Yo no sabía realmente el diagnóstico, así que lo que bien pude decir fue: "Dios nos prometió hijos, por lo que ya no te preocupes más. No quiero verte triste, porque si Él lo dijo, va a suceder". Ella, entonces, hizo a un lado ese diagnóstico y empezó a confiar en Dios. Yo no tenía ni idea de lo que ella sabía.

Y llegó el gran día, una tarde se hizo la prueba y ¡salió positivo! Me la enseñó y fue una emoción única, inolvidable.

Para los doctores había infertilidad en nosotros, pero para Dios había fertilidad. En la vida hay situaciones que nos pueden decir que no habrá fruto, pero las circunstancias no lo determinan; solo Dios. En este proceso aprendimos algo como pareja: Dios es Dios, y cuando Él promete algo, lo cumple. Tiempo después supe el diagnóstico y mi primera reacción con Michelle fue que debía habérmelo dicho. Pero debí entender que era un proceso diferente para ella y para mí.

La naturaleza con la que Dios nos ha diseñado tiene la facultad de dar fruto, de producir. Dar fruto es multiplicar, ser fructífero y mejorar las cosas. Por tanto, la infertilidad no debe ganar terreno. Tú eres una tierra fértil, lista para producir al treinta, sesenta, noventa, y al ciento por uno. El requisito para la fertilidad en Dios es escuchar y recibir su Palabra. Así fue en nuestro caso. En vez de escuchar otras voces, decidimos escuchar la voz de Él, y vimos el milagro.

> **La naturaleza con la que Dios nos ha diseñado tiene la facultad de dar fruto, de producir.**

Dios nos ha creado como buena tierra, por lo que es posible multiplicar lo que tienes. Solo enfócate en escuchar su Palabra, en recibirla en tu corazón, vivirla, y producir hasta cien veces más. Ahora bien, la productividad de Dios en nosotros tiene un orden, porque la creatividad y la producción no surgen de la nada, es un proceso.

Cuando Dios creó al hombre le asignó una tarea de producción: "*... lo puso en el huerto de Edén, para que lo labrara y lo guardase*" (Génesis 2:15). Pero lo primero que hizo Dios fue ponerle las condiciones correctas (tierra, cielo, luz, luna y sol);

posteriormente los recursos (aguas, animales y plantas); y finalmente puso al hombre.

¿Puedes notarlo? Antes de producir, se necesitan las condiciones correctas. ¿Qué estás buscando producir o generar? ¿Cómo está tu vida? ¿Cómo están tus relaciones, tus finanzas, tu salud, etc.? ¿Tu terreno está listo para producir? Si no es así, quita el desorden y todo aquello que te impida que los recursos de Dios se instalen. Por ejemplo, de nada sirve un millón de dólares en tu cuenta bancaria si las condiciones de tu corazón son avaricia o una mala administración. Esos recursos no darán el fruto esperado, se terminarán ahogando (en el capítulo *El desastre* precisamente hablo de la importancia de no estar perdido financieramente). Dios estaba mandando mensajes muy claros a Adán, que hasta el día de hoy están vigentes.

Una persona productiva entiende que el trabajo es una bendición. El trabajo le fue dado al hombre antes de la caída. El trabajo no es una maldición, sino todo lo contrario, es una gran bendición. Al hombre le fue dado el trabajo antes de que la mujer fuera creada, es parte de nosotros. Producir está en nuestro ADN.

Una persona productiva planea y se prepara. Un proveedor se anticipa a las necesidades antes de que estas lleguen. Dios nos puso aquí para confiarnos la tierra y hacerla producir, para engrandecerla, no estancarla o destruirla. Sin embargo, en el caso de México los datos revelan que la productividad se ha mantenido sin alteración durante las últimas tres décadas. ¿Qué puedes hacer hoy para que la tierra, nuestro país, produzca? ¿Cómo ser más productores que dependientes?

Sin duda, es todo un cambio de mentalidad, porque por alguna razón creemos que somos infértiles, que no podemos dar los suficientes frutos, que no podemos tener una buena familia, obtener un título profesional, crear una empresa propia, comprar una casa o tener automóvil. Michelle no se quedó estática ante el diagnóstico, siguió hacia adelante; yo no lo conocía, solo creía en una promesa de Dios. Escucha más la Palabra de Dios que los diagnósticos. Porque revertir la infertilidad no es imposible para Dios. Planea, prepárate y produce.

La obediencia a Dios te dará más recursos para producir. Ese era el mensaje de Dios para Adán: obediencia, porque todo lo que había ya era suyo y estaba listo para producir. Infertilidad o confianza es la cuestión. Decidimos confiar que Él había prometido sobre nosotros tener hijos, y nos aferramos a esa palabra. El pueblo de Israel confiaba:

> *Porque Jehová tu Dios te introduce en la buena tierra, tierra de arroyos, de aguas, de fuentes y de manantiales, que brotan en vegas y montes; tierra de trigo y cebada, de vides, higueras y granados; tierra de olivos, de aceite y de miel; tierra en la cual no comerás el pan con escasez, ni te faltará nada en ella; tierra cuyas piedras son hierro, y de cuyos montes sacarás cobre. Y comerás y te saciarás, y bendecirás a Jehová tu Dios por la buena tierra que te habrá dado.* (Deuteronomio 8:7-10)

Si confiamos en Dios, seremos fértiles, productivos. La tierra, tu vida, tu casa, tu nación, la vida de tus hijos, tu relación matrimonial, tu trabajo... todo, son tuyos; puedes dar mucho fruto en ella si confías en Dios.

ENTRE CAUCES

Durante la educación primaria había un experimento de poner dentro de un frasco algodón, agua y una semilla de frijol. Bajo las condiciones perfectas para la semilla, y la atención del niño, esa semilla daba fruto en un tiempo determinado, una ramita. ¡Qué sorpresa nos daba de niños ver eso!, ¿Lo recuerdas?

+ ¿Te gustaría ver tus condiciones de vida, en todas las áreas, florecer como el frijol en ese experimento?

+ Piensa en aquellas áreas en las que no has dado fruto, y describe a detalle cuáles son las condiciones que debes tener —los cambios que debes hacer en tu tierra— para que haya fruto en eso.

_____

_____

_____

_____

_____

_____

"PARA LLEGAR A TU DESTINO

NECESITAS HACER

UN INTERCAMBIO DE EQUIPAJE."

Día 23

EXCESO DE EQUIPAJE

VIAJA LIGERO, LLEGARÁS MÁS LEJOS, VIVE MÁS FELIZ

*Por tanto, nosotros también, teniendo en derredor nuestro
tan grande nube de testigos, despojémonos de todo peso
y del pecado que nos asedia, y corramos con paciencia la
carrera que tenemos por delante.*
—Hebreos 12:1

Cuando trabajé en el Gobierno Federal de México, dentro de mis funciones estaba coordinar todas las giras del secretario de Economía y algunas del presidente de la República. Viajábamos tres o cuatro veces a la semana; muchos de esos viajes eran ida y vuelta el mismo día.

También había viajes de tres ciudades seguidas en donde pasábamos a veces una semana afuera. ¡El gran reto en esos viajes largos era que tenía que llevar únicamente una maleta de mano! Esto era por seguridad, ya que así no documentaba una maleta, y además por practicidad, para poder operar todo.

Me volví experto en acomodar todo en una maleta, pero también en quitar aquello que no era necesario llevar. Fue todo un reto que realmente me gustó. Hoy día sigo viajando así, pocas veces documento una maleta. Me gusta viajar ligero. Aprendí algo: cuanto menos equipaje lleves a cuestas, más disfrutarás de la vida.

No todo lo que llevas hoy, lo necesitas para tu futuro. La verdad es que cargamos con cosas o experiencias que nos cansan y limitan el crecimiento, tales como relaciones pasadas, preocupaciones, ansiedades, falta de perdón, envidia, chismes, egoísmo, abusos en la infancia, deudas y muchas otras cosas. En el viaje de la vida hay tres opciones:

Cuanto menos equipaje lleves a cuestas, más disfrutarás de la vida.

1. Quedarte con tu pesado equipaje y no viajar a tu destino

Una de las historias que mejor ejemplifica este punto es la del pueblo de Israel, que se estancó durante más de cuarenta años en el desierto, y, sin duda, una de las razones era el exceso de equipaje que llevaban, la mentalidad de esclavo que venían cargando, la queja, la indiferencia y la apatía ante muchas cosas. El viaje no era tan pesado, debía ser de cuarenta días, pero ellos lo hicieron tan pesado por todo lo que estaban cargando.

Estoy seguro de que hay cosas que ya deberías haber alcanzado, pero por seguir cargando con cosas demás, no lo has podido lograr. Mi esposa Michelle lo dice de esta manera cuando da pláticas a las chicas: "Si hubieras dejado a ese patán, tal vez ya estarías casada". Sé que no es fácil desprenderse de ese equipaje extra.

A Michelle, las primeras ocasiones que necesitaba hacer su maleta ligera, no podía, le costaba mucho trabajo quitar ciertos artículos o prendas. Pero al paso del tiempo entendió que muchas cosas no las usaría o simplemente serían irrelevantes para el viaje. Si para un hombre es difícil viajar ligero, ¡imagínate para una mujer! El mismo principio es para todos: hay cosas que no necesitarás más en el viaje de tu vida.

La historia de Israel, una nación estancada por cuarenta años, me sorprende demasiado porque aunque Dios los amaba y eran su preciado tesoro, no pudo hacer más por ellos. Es decir, quitar el exceso de equipaje es nuestra responsabilidad, no la de Dios. Él ya hizo su parte al darnos propósito, promesas, fe, amor, morir por nuestros pecados; ahora nos toca a nosotros desprendernos del peso extra.

¿Cuántos años más quieres estar donde estás y sin avanzar? El estancamiento puede volverse comodidad y eso es muy peligroso, porque crees que ahí perteneces, pero no es así. El estancamiento tarde o temprano termina en muerte. Esto mismo sucedió con el pueblo de Israel. Al final, la gran mayoría murió en el desierto, nunca llegaron a su destino, algunos lo vieron de lejos. Otros seguramente pensaron que era un mito nada más, pero la gran razón fue que nunca se dieron cuenta del exceso de equipaje tan grande que estaban cargando.

2. Pagar un alto precio por el exceso de equipaje

¿Te ha pasado que pagas por sobrepeso en el aeropuerto? Cuidado, por lo regular es algo caro. ¡A nadie nos gusta pagar de más, pero tampoco queremos quitar el peso extra! ¿Qué ironía, no lo crees? ¿Qué sería más sencillo? Por supuesto que quitar el exceso de equipaje; pero no sucede así, muchos deciden llevar maletas demasiado pesadas en todos sus emprendimientos.

Cuando cargas algo por mucho tiempo se convierte en parte de ti, y es una mentira. Pagar exceso de equipaje es muy costoso.

¿Qué te ha costado el rencor? ¿Cuánto te ha costado esa relación amorosa incorrecta para con tus padres? ¿Tu amante te ha costado el matrimonio? ¿No alcanzas tu propósito por ser indiferente? ¿Cuánto le ha costado a tu iglesia la falta de perdón? Es duro decirlo, pero hay muchas personas pagando un alto costo por no quitar todo ese peso innecesario de su vida.

Algo que te hace daño no fue diseñado para ser parte de ti. Te está tomando el espacio que necesitas para otras cosas. Por eso es tan costoso avanzar, porque no hay espacio para las bendiciones. ¡No pagues demás!

> ## Algo que te hace daño no fue diseñado para ser parte de ti.

3. Abrir tu maleta y sacar lo que no necesitas

Me ha tocado algunas veces abrir mi maleta, y hasta cierto punto es algo vergonzoso, porque algunos pueden ver lo que llevas, y son cosas muy personales. *Abrir la maleta ante otros requiere de mucho valor. Abrir el corazón y exponerlo no es fácil.*

Hebreos 12:1 nos habla de despojarnos del exceso… pero considerar que hay testigos. Y aunque quisieras que nadie supiera lo que te pasó o lo que te hicieron, a veces es necesario. Pero ten mucho cuidado de a quién le muestras tus errores, porque después se pueden aprovechar de ello. Sin embargo, bien puede haber personas a tu alrededor con sabiduría de Dios y experiencia en la vida que sí te ayudarán a quitar ese exceso de equipaje que llevas y que te está costando mucho.

En nuestro caso, a Michelle tampoco le gusta que yo vea sus cosas y le diga que eso no lo va a necesitar, y se resiste, pero sabe que en muchas ocasiones tengo razón. La verdad es que a nadie nos gusta que opinen sobre nuestro exceso de equipaje, pero es necesario. Solamente quitando aquello que te asedia podrás correr la carrera de tu vida. Tomar decisiones ante las personas o aquello que te hizo daño o que dañaste no es fácil, pero solo así podrás despojarte de todo peso.

Lo más vulnerable de ti, te acerca más a Dios. Cuando tú eres honesto y transparente con Él, podrás descansar, y te ayudará a quitar ese exceso de equipaje de tu vida. A esto yo lo llamo *intercambio de equipaje*. Mira lo que nos enseña el siguiente versículo:

> *Venid a mí todos los que estáis trabajados y cargados, y yo os haré descansar. Llevad mi yugo sobre vosotros, y aprended de mí, que soy manso y humilde de corazón; y hallaréis descanso para vuestras almas; porque mi yugo es fácil, y ligera mi carga.*   (Mateo 11:28-30)

Para llegar a tu destino, necesitas hacer un intercambio de equipaje. Dios te ofrece tomar todo tu equipaje y que tú solamente lleves el de Él. ¿Cuál es el yugo de Dios?: obedecer sus mandamientos. Lo que significa que es más fácil seguir *sus* mandamientos que llevar *mis* cargas. Lo más interesante de este pasaje es que nos habla de descanso. A veces creemos que obedecerlo y seguir sus mandamientos es más complicado, pero no, al contrario, si lo hacemos hallaremos descanso y paz. Así que prefiero cargar su yugo que llevar el mío, porque al final su yugo me bendecirá. La obediencia siempre traerá bendición.

Samuel Chand, un gran escritor y conferencista, en su libro *Liderazgo acelerado*[12] hace el análisis sobre lo que llevas en tu maleta: "Si desempaco tu maleta ¿qué encontraría? ¿Está empacada para la forma como ha estado tu vida desde hace años, está empacada para donde estás hoy, o está empacada para su futuro?". Cuando nos deshacemos de lo malo, lo bueno llegará. No hay forma de que las buenas cosas lleguen a ti, si primero no te deshaces de las malas. Así como hay cosas que no necesitas para el futuro, hay otras que sí necesitas, ¡intercambia el equipaje!

Cuando nos deshacemos de lo malo, lo bueno llegará.

---

12. Whitaker House, 5 de diciembre de 2017.

ENTRE CAUCES

Preparémonos para un viaje:

1. Reúne varías tarjetas en blanco.

2. En cada una escribe las muchas cargas que recuerdas y te afectan de tu pasado, las que cargas en el presente y las que te angustian cuando piensas en el futuro.

3. Ahora, por cada una, escribe en tarjetas individuales todas las sensaciones, pensamientos y sentimientos que cada una de estas cosas trae a tu vida.

4. En otras tarjetas, escribe cómo cada cosa está afectando tu vida con recuerdos duros o amargos del pasado, con estar atorado en el presente, o temeroso y sin certeza del futuro. ¿Cómo se ve el panorama?

5. Todas las tarjetas, juntas, son tu exceso de equipaje. ¿No crees que es mucho? ¿No crees que es demasiado costoso?

6. Al tener en tus manos el panorama por medio de estas tarjetas, piensa:

+ ¿Qué dice Dios sobre este exceso de equipaje?

+ ¿Con quién podría compartirlo para tener un consejo bíblico?

+ ¿Cuánto tiempo debo pasar en comunión con Dios para poner esto en sus manos?

_____

_____

_____

_____

_____

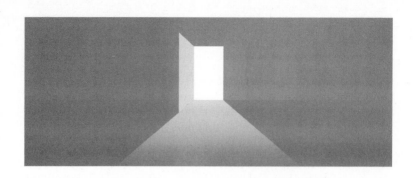

"USA LA OPOSICIÓN COMO
TRAMPOLÍN PARA
LLEGAR MÁS LEJOS."

Día 24

LA OPOSICIÓN

DIOS ESCRIBE CAPÍTULOS

Su enemigo el diablo ronda como león rugiente,
buscando a quién devorar. Resístanlo,
manteniéndose firmes en la fe...
—1 Pedro 5:8, NVI

La palabra oposición, de inicio, ya genera algo negativo. Y lo es; a nadie le gusta saltar obstáculos, resistir dificultades y luchar contra la corriente. Pero detrás de cada oposición hay un trampolín para llegar más lejos.

Uno de los grandes amigos con los que cuento en mi vida es Cash Luna, Jr. Estábamos de viaje junto a nuestras esposas, cuando nos enteramos de que el COVID-19 estaba ya a nivel de pandemia. Por su agresividad, decidimos regresarnos a nuestros países. Durante la noche, Cash y yo platicamos sobre cómo íbamos a enfrentar semejante oposición que se gestaba con el coronavirus, para nuestra vida como para la de las iglesias. Pasaron varias semanas de confinamiento, y al paso cocinamos un proyecto que justamente nos ayudaría a resistir y usar la oposición para saltar hacia nuevos horizontes. De ahí surgió un gran proyecto que lleva por nombre "Pioneros".

Durante tres semanas decidimos juntarnos con más de cien líderes de toda Latinoamérica para generar ideas, recursos, planes y estrategias para salir adelante de la crisis por venir. Fue un tiempo de muchísimo aprendizaje; pero, sobre todo, de ideas fabulosas que nos desafiaban. Alguien en una reunión sentenció al decir: "La crisis es un acelerador", y vaya que sí, pues aceleró muchos planes y proyectos que ya teníamos.

Al mismo tiempo, reuní a mi equipo de líderes y los desafié a ver esta oposición como forma de fortalecernos, y decidimos transformar nuestra iglesia RÍO a una totalmente en línea. Sabíamos que la parte presencial eventualmente estaría siempre presente, pero vimos una puerta enorme para extendernos, romper las fronteras, y eso estamos haciendo.

> **A nadie le gusta la oposición, pero si la usas como trampolín llegarás más lejos.**

Todos nuestros programas caminan a la par de forma virtual; es un reto muy grande, pero lo estamos logrando. Hoy llegamos a cientos de personas en todo el país y hemos trascendido nuestras fronteras. A nadie le gusta la oposición, pero si la usas como trampolín llegarás más lejos.

Viene a mi mente un pasaje que el gran líder, Pedro, escribió en una de sus cartas:

Practiquen el dominio propio y manténganse alerta. Su enemigo el diablo ronda como león rugiente, buscando a

quién devorar. Resístanlo, manteniéndose firmes en la fe,
sabiendo que sus hermanos en todo el mundo están sopor-
tando la misma clase de sufrimientos. Y, después de que
ustedes hayan sufrido un poco de tiempo, Dios mismo, el
Dios de toda gracia que los llamó a su gloria eterna en
Cristo, los restaurará y los hará fuertes, firmes y estables.

(1 Pedro 5:8-10, NVI)

Sin duda, estos son de los versículos más vigentes para
el tiempo que estamos viviendo. ¡En todo el mundo se vive la
misma clase de sufrimientos! Y nos da la clave para salir adelante: resistir, aunque sufras un poco. Es muy interesante saber
que al cuerpo, cuánto más resistencia le pongamos, se hace más
fuerte. Los que han entrenado en un gimnasio saben de esto.

A mayor fuerza, mayor resistencia, mayor fortaleza, firmeza
y estabilidad. Es el mismo proceso que Dios nos quiere enseñar.
Ha habido en muchas personas y hogares momentos de mucho
sufrimiento en esta pandemia, pero son un trampolín en los que
estamos aprendiendo resistencia.

Con Dios, ante esta oposición, tenemos la esperanza de que
saldremos restaurados, fuertes, firmes y estables. Sonará con-
tradictorio, pero el sufrimiento es necesario para ir hacia otro
nivel de vida. El aislamiento ha sido difícil para todos, desde
cualquier punto de vista es oposición, pero como un camino
hacia la fortaleza.

**Toda visión grande va de la mano
con una gran oposición.**

Toda visión grande va de la mano con una gran oposición. Desear algo es muy fácil, ejecutarlo es muy diferente, y ahí es donde se generan los problemas. Constantemente menciono que en esta vida te pagarán más por cuántos problemas puedes resolver. *Si estás construyendo una gran visión, no te vas a escapar de una gran oposición.* Me gusta mucho cómo lo describe el Dr. Samuel Chand: "Tarde o temprano, cada visión grande y valiente se encontrará con una oposición importante. Podemos suponer que la oposición es siempre destructiva, pero puede ser una potente fuerza que materializa nuestra imaginación, enfoca nuestros planes y nos conduce a tener éxito".

Ante la oposición se requiere resistir, poner la confianza en Dios, porque Él es quien se encargará de usarla para darnos estabilidad y firmeza. El apóstol Pablo vivió algo similar a Pedro.

> *Sólo les pido que vivan dignamente, como lo enseña la buena noticia de Cristo. Porque, sea que yo vaya o no a verlos, quiero estar seguro de que todos ustedes viven muy unidos y que se ponen de acuerdo en todo, y que luchan unidos por anunciar la buena noticia. No tengan miedo de sus enemigos. Si ustedes se comportan con valentía, verán que ellos serán destruidos y ustedes serán salvados, porque Dios les dará el triunfo. Dios les ha dado a ustedes el privilegio de confiar en Cristo, y también de sufrir por él. Así que tendrán los mismos problemas que yo he tenido, y ya saben muy bien lo que he sufrido y estoy sufriendo.*
>
> (Filipenses 1:27-30, TLA)

Al tiempo que escribió esto, Pablo estaba encarcelado, por lo que es de sorprender que hable de esta manera. No es normal ese vigor al escribir, pero él está entendiendo que algo más grande se está gestando detrás de la oposición. Él no se victimiza creyendo que es el único que está pasando por problemas, sino que reconoce que muchos están pasando por lo mismo. Pablo está estableciendo un gran principio espiritual: Dios usa tus peores momentos para escribir las mejores historias. Dios usó los peores momentos de Pablo para escribir cartas y palabras increíbles.

Dios usa tus peores momentos para escribir las mejores historias.

La carta a los de Filipos es uno de los libros más alegres, ¡y fue escrito desde la cárcel! La oposición Dios la puede usar para escribir una parte única de tu vida. Puede haber alegría frente a la oposición, porque en Él hay victoria.

La pandemia ha sido letal, trajo crisis en todos los sectores, desde la salud hasta lo económico, en lo político y social. ¿Ha sido un momento malo? Por supuesto. Pero estoy seguro de que el Señor se ha hecho cargo de cada uno de sus hijos y está siendo el autor de grandes historias que aún se están escribiendo. Y sé que una gran historia será la tuya. No sé a qué te estés enfrentando en este momento, pero me uno a ti para juntos fortalecernos ante esta oposición y para creer que hay un gran capítulo que Dios está escribiendo de nosotros.

También veo en Pablo mucha empatía por los sufrimientos de los demás. Se pone en el lugar de los demás. Empatía es: a ti te duele, a mí también; tú lloras, yo también; no eres el único, sufro contigo. La clave de esto es unirse en una misma fuerza. Eso es lo que Jesús vino a hacer a esta tierra, es el Hijo de Dios siendo empático con la humanidad, un hombre que se puso en los zapatos de los pecadores, y de acuerdo con la Biblia es un sacerdote que se compadece de nosotros, porque ha vivido lo mismo.

Cristo pasó por hambre, burlas, traiciones, tentaciones, tristezas, pero salió adelante, y por ello puede darnos fortaleza. Tanto Pedro como Pablo, dos de sus apóstoles, sabían que solamente Jesús podía darles victoria, y si ellos creyeron, debemos creerlo nosotros.

ENTRE CAUCES

+ ¿Qué cosas sientes que detienen tu avance en las diferentes áreas de tu vida? Si no las identificas como oposición, no podrás avanzar.

+ ¿De qué manera podrías convertirlas de oposición a trampolín?

_____

_____

_____

_____

_____

_____

*"FRACASAR ES NO LLEGAR
A LA META, PERO NO SIGNIFICA QUE
TODO HA TERMINADO."*

Día 25

EL FRACASO

JUEGA COMO NUNCA, PUEDES GANAR

Porque siete veces podrá caer el justo,
pero otras tantas se levantarán...
—Proverbios 24:16, NVI

Una de mis ciudades favoritas es Washington, D.C. Cuando era niño tuve la oportunidad de ir en algunas ocasiones. Los recuerdos que tengo son obviamente estar en la piscina con mis primos, ir a los juegos mecánicos, etc. Pero también recuerdo muy bien los monumentos de una de las ciudades más imponentes que haya visto. Ya en mi juventud pude regresar un par de veces más a tomar algunos seminarios.

Como ya lo he mencionado, la educación ha sido uno de los pilares más importantes de mi vida, por lo que tuve la inquietud de estudiar en Washington D.C. Ya tenía mi licenciatura y maestría, e intentaría hacer una segunda maestría en George Washington University. Era, sin duda, el sueño perfecto para ese momento de mi vida: estar en la ciudad que siempre me gustó, en una de las mejores universidades en el aspecto de la política. No tenía ningún compromiso familiar, tenía un buen trabajo, y aun mi jefe me apoyaría para estar allá.

Llegar a Washington D.C. es respirar el poder y la historia, con monumentos y edificios imponentes, la mayoría del gobierno. Una ciudad limpia y verdaderamente digna de vivirla. Todo iba muy bien, contaba con todos los requisitos de admisión, solamente me faltaba un examen, así es que comencé a prepararme. Llegó el día, y sentí que me había ido muy bien en la prueba. Recuerdo que me pedían un puntaje alto.

Recibí los resultados luego del examen, y leí que me había quedado a dos puntos de poder entrar... ¡no era nada! Entonces hice llamadas, mandé cartas de recomendación, ¡eran tan solo dos puntos!; sin embargo, no logré la meta. Había fracasado. Ese sueño que estaba casi materializado se vino abajo por dos puntos. Me sentí realmente mal, triste y decepcionado. Me costaba trabajo reconocer que no había logrado el objetivo. En lo educativo estaba acostumbrado al logro (en el capítulo "La ignorancia" hablo sobre mi trayectoria académica que había sido de éxito tras éxito); pero en esta ocasión no fue así, y creo que eso fue lo que más me golpeó.

> ## Fracasar es no llegar a la meta, pero no significa que todo ha terminado.

Si fracasaste, hay que reconocerlo. Y yo no quería hacerlo. Pero después fue un gran alivio simplemente decir "esta vez no lo logré, tengo que seguir adelante". De esta experiencia me surge la siguiente frase: Fracasar es no llegar a la meta, pero no significa que todo ha terminado.

Tenemos una perspectiva incorrecta del fracaso, que sucede por un asunto de la mala comparación. Ante al fracaso yo me estaba comparando con personas que también tenían maestrías, y no podía considerar, en mi aturdimiento, que yo también tenía el grado. Resulta muy fácil compararse de forma incorrecta, de forma que los logros ya obtenidos se nublan. Debemos, entonces, ver el fracaso desde una óptica correcta, no hacerlo menos, pero tampoco sobredimensionarlo.

¿Cuál es el fracaso que de primera instancia llega a tu mente?

Reconócelo como tal, porque ahí no termina tu historia; un bache no hace todo el camino.

El rey David es un personaje de la Biblia al que admiro demasiado, y también tuvo momentos de fracaso, porque fracasar es no llegar a la meta, pero no significa que todo ha terminado. David tuvo un fracaso fuerte en lo familiar, y a partir de esto se desencadenaron más fracasos.

> *Entonces el rey se turbó, y subió a la sala de la puerta, y lloró; y yendo, decía así: ¡Hijo mío Absalón, hijo mío, hijo mío Absalón! ¡Quién me diera que muriera yo en lugar de ti, Absalón, hijo mío, hijo mío!* (2 Samuel 18:33)

El gran David, el mismo que mató a Goliat, el que levantó uno de los ejércitos más poderosos, ahora está deshecho, su hijo había muerto; pero creo que el dolor se incrementó más porque previamente había fracasado en su relación con Absalón. La historia nos cuenta que su propio hijo lo estaba buscando para matarlo; sin duda, un fracaso fuerte. De modo que, *si no controlamos el fracaso, este nos controlará.*

David nunca pudo superar que su propio hijo lo quisiera matar. La muerte solamente vino a dar el tiro de gracia a la vida de David. Ahora él desea morirse, está turbado y confundido. El fracaso familiar lo llevó a tal confusión que perdió la visión, las estrategias, el ánimo, los recursos y por poco a su ejército.

Dieron aviso a Joab: He aquí el rey llora, y hace duelo por Absalón. Y se volvió aquel día la victoria en luto para todo el pueblo; porque oyó decir el pueblo aquel día que el rey tenía dolor por su hijo. Y entró el pueblo aquel día en la ciudad escondidamente, como suele entrar a escondidas el pueblo avergonzado que ha huido de la batalla. Mas el rey, cubierto el rostro, clamaba en alta voz: ¡Hijo mío Absalón, Absalón, hijo mío, hijo mío! Entonces Joab vino al rey en la casa, y dijo: Hoy has avergonzado el rostro de todos tus siervos, que hoy han librado tu vida, y la vida de tus hijos y de tus hijas, y la vida de tus mujeres, y la vida de tus concubinas, amando a los que te aborrecen, y aborreciendo a los que te aman; porque hoy has declarado que nada te importan tus príncipes y siervos; pues hoy me has hecho ver claramente que si Absalón viviera, aunque todos nosotros estuviéramos muertos, entonces estarías contento.

(2 Samuel 19:1-6)

¿Aquello había sido un fracaso para David? Sí, ¡y muy grande! Seguramente se sentía terrible. Pero no olvidemos que el fracaso con su hijo ya se había dado mucho tiempo atrás. Cuando alguien fallece es uno de los dolores más fuertes en la vida, y es muy válido llorar y tener luto por esa persona. Sin embargo, duele más cuando se tuvo la oportunidad de arreglar algún conflicto con esa persona y no se hizo. Se siente como un doble fracaso. Entonces es momento de detenerse, de no seguir más, de no permitir que esos sentimientos se conviertan en un tercer fracaso.

Sin embargo, para David se aproximaba un fracaso más, que era perder a la gente más leal que había caminado con él. ¿Has sentido que un fracaso te lleva a otro, y a otro, y a otro, y donde ves que todo lo que has construido se puede venir abajo? Así de letal es el fracaso cuando le permitimos ser más de lo que debe ser.

¿Qué hacer? ¡Escuchar la voz correcta! Con el fracaso vienen las voces de la confusión, y la más peligrosa de esas voces ¡es la tuya! Joab fue hombre clave para la vida de David, porque lo desafió a levantarse, a no perder su equipo. Le hizo ver la realidad. Esto le dijo:

> *Levántate pues, ahora, y ve afuera y habla bondadosamente a tus siervos; porque juro por Jehová que, si no sales, no quedará ni un hombre contigo esta noche; y esto te será peor que todos los males que te han sobrevenido desde tu juventud hasta ahora. Entonces se levantó el rey y se sentó a la puerta, y fue dado aviso a todo el pueblo, diciendo: He aquí el rey está sentado a la puerta. Y vino todo el pueblo delante del rey; pero Israel había huido, cada uno a su tienda.*
>
> (2 Samuel 19:7)

La gente a tu alrededor que te ama te hablará con la verdad, con el panorama real de las situaciones. ¿Dolerá? Seguro que sí, pero yo prefiero que me digan las cosas como son. Joab hizo eso, decirle a David que si no se levantaba de este fracaso iba a perder a todo el ejército y que sería el peor de los males de su vida.

¡Qué impresión! El resto del pueblo estaba de luto, todos habían sido contagiados por el fracaso de David, pero hubo uno que decidió ser valiente. Finalmente, el rey David hizo caso a la voz correcta y decidió levantarse y evitar así un tercer fracaso que hubiera destruido todo su propósito.

Cada fracaso tiene una dimensión, un tiempo, un momento, por tanto, no conviertas un fracaso en el resto de tu vida. Como bien lo dice el doctor Sam Chand: "Algunos fracasos no son problemas relacionados con la percepción o los sistemas. Son personales". Este no era un fracaso de la organización de David, era un fracaso personal. Si logramos poner cada caída en la dimensión correcta, será más fácil levantarse. Un fracaso sobredimensionado puede convertirse en un tsunami para la vida.

Redirecciona la óptica de tus fracasos, atiéndelos en su justa dimensión. Sobreponte a estos, la vida sigue. ¡Levántate, sí se puede!

ENTRE CAUCES

+ Cuando la selección mexicana juega como nunca y pierde como siempre, es uno de los momentos en los que se siente un verdadero fracaso. Pero es importante indagar sobre los pensamientos de antes y después del partido.

+ ¿Cómo está todo México en la antesala y durante el juego?

+ ¿Qué sucede cuando perdemos? ¿A poco no "se nos derrumba" el mundo?

+ ¿Cuánto tiempo cuesta que "la nación se reponga" de semejante fracaso?

+ ¿Cómo puedes comparar esto con tu comportamiento ante el fracaso?

_____

_____

_____

_____

_____

_____

"NADIE QUE QUIERA ALCANZAR SU PROPÓSITO LO LOGRARÁ SI ES AMIGO DE LA INCONSTANCIA."

Día 26

LA INCONSTANCIA

O LA PERSEVERANCIA HASTA EL FIN

Mas el que persevere hasta el fin, éste será salvo.
—Mateo 24:13

Soy gran admirador de las marcas comerciales que hoy están rompiendo récords, como Apple, Google, Amazon, Facebook y Microsoft. La adaptación e innovación que han tenido ha generado avances tecnológicos a gran escala y ventas multimillonarias, que las han colocado en la cima de las mejores empresas a nivel mundial.

Hay otras empresas que también admiro, porque durante décadas y hasta la fecha siguen teniendo éxito. ¿Sabías que Nescafé empezó en el 1938 y sigue vigente? Rexona nace con el cambio de siglo (1900); hoy es una marca líder en ventas en 29 países. ¡Nivea está desde 1911! ¿Y qué decir de Coca Cola, que fue creada en 1886? Su historia de casi 120 años está llena de éxitos. Una de sus frases que más me gusta es: "Piensa global, actúa local". En el 1897 ya se vendía en Canadá y Hawái; hoy está en 205 países.

Toda idea, negocio, organización, proyecto, relación, y aun la familia, tendrá su momento de crecimiento, llegará a su punto máximo de éxito o logros, y comenzará a decaer, a menos que constantemente se esté reinventando e innovando. Mis padres llevan 39 años de casados, y los papás de Michelle cumplieron 41 años. Seguramente ambas parejas tuvieron sus momentos de mayor auge o fortaleza, y también momentos donde tal vez pasaron por etapas muy complicadas en su relación y la vida de familia en general. Hoy en día, estos dos matrimonios se mantienen creciendo, amándose, emprendiendo y cuidando a su familia.

¡Estamos muy orgullosos de nuestros padres! Siempre lo he dicho: lo que hoy hemos alcanzado es gracias a ellos. *Estamos parados en hombros de gigantes.*

> **No admires a los hombres y mujeres de momentos, admira a los hombres de trayectoria y constancia.**

Así como admiro a las marcas comerciales por su innovación, mucho más a las personas de trayectoria y legado. A mí no me va a deslumbrar una persona que haya tenido éxito en una temporada, sino la que haya mantenido el éxito a lo largo del tiempo y a pesar de las tormentas de la vida. En estos tiempos de interacción a su máxima expresión, veo a muchos *influencers* pegando duro, pero me pregunto, ¿cuántos de ellos son hombres y mujeres de trayectoria?, ¿cuántos de ellos son solamente un chispazo y después terminarán mal?

No admires a los hombres y mujeres de momentos, admira a los hombres de trayectoria y constancia. Hay una organización que después de veinte siglos sigue vigente. Hoy soy parte de ella y estoy orgulloso; ya formo parte de su historia. Es una organización que ha pasado por diferentes etapas históricas, ha presenciado cambios mundiales, el surgimiento de nuevas industrias, crisis económicas, diversos virus, líderes levantarse y caer, cosas que han atentado contra ella y sigue firme, y me refiero a la Iglesia que Jesús estableció. Me siento muy orgulloso de pertenecer a su Iglesia. Esto es lo que Cristo estableció con respecto de ella:

> *Ahora te digo que tú eres Pedro (que significa "roca"), y sobre esta roca edificaré mi iglesia, y el poder de la muerte no la conquistará.* (Mateo 16:18, NTV)

Jesús habla sobre la constancia que tendría su Iglesia y que sería fundamental para el cristianismo posterior. Habla del poder de la perseverancia a pesar de todas las persecuciones que vendrían después. La iglesia primitiva era admirable, son los que establecieron los cimientos para lo que es hoy. En la Biblia leemos afirmaciones como *"perseveraban unánimes"* (gr. *proskartertereo*), y esto significa cuatro cosas, principalmente:

Perseverar involucra constancia y diligencia.

Anhelar algo con constancia y diligencia. La palabra «diligente» significa que se hace con interés, esmero, rapidez y eficacia. Esto nos enseña que si vamos a emprender un proyecto personal o familiar, debemos ser diligentes y constantes. Sucede que tendemos a echarle muchas ganas al inicio, y al primer obstáculo viene el desánimo. Perseverar involucra constancia y diligencia.

Asistir asiduamente a todos los ejercicios. Me llama la atención la palabra "todos", no dice algunos. La perseverancia no tiene que ver con estar presente en algunas cosas o momentos, sino con un involucramiento en todo lo que tiene que ver con determinado proyecto.

Adherirse estrechamente. Estrecho involucra eficacia y eficiencia, lo que quiere decir que si vamos a enrolarnos en algo no solamente lo haremos al "ahí se va", sino con excelencia, esto es, con eficacia y eficiencia.

Estar fuerte o firme ante cualquier cosa. Firmeza es permanecer a pesar de lo que venga, no abandonar, sino ser fiel hasta el final.

¡Ufff!, ahora entiendo por qué hasta el día de hoy podemos seguir siendo parte de esta gran organización que es la Iglesia. Desde los doce años decidí ser parte de la Iglesia. Han pasado más de veintidós años y persevero en la organización. Por supuesto que han venido momentos de dificultad donde he querido tirar la toalla, pero es ahí donde me fortalezco al recordar estos versículos:

Mas el que persevere hasta el fin, éste será salvo.
(Mateo 24:13)

El día que le dije a Cristo que fuera el Señor de mi vida, también estaba decidiendo seguirle hasta el final de mis días. Quiero ser constante y mantenerme en el trabajo del reino de Dios, por medio de la perseverancia de su Iglesia. Todos los mártires del pasado que fueron perseguidos y muertos por la causa del evangelio de Jesús, son la mejor muestra de que vale la pena perseverar, que en la Iglesia del Señor no cabe la inconstancia. Y el evangelio de Jesús, predicado por medio de la Iglesia, es el mejor ejemplo de un proyecto que inició con un propósito claro, definido, y que se ha mantenido en él hasta el día de hoy.

Si quieres conocer este proyecto de Jesús, te animo y te invito hoy a ponerte en contacto conmigo. Si tú ya formas parte de RÍO o de otra iglesia cristiana, te ruego permanecer firme, constante, persevera hasta el fin. Creo firmemente que una iglesia fuerte repercute positivamente en una sociedad y en un país.

Me enorgullece ver cómo RÍO hizo su parte en este tiempo de crisis. Vi una iglesia siendo un brazo derecho para la sociedad, ayudando al más necesitado, levantando al que estaba en angustia, fortaleciendo a los que habían perdido algún ser querido, animando a aquellos que habían perdido su empleo y, principalmente, orando por miles y miles de personas.

¿Quieres trascender y dejar un legado? Sé constante y persevera hasta el fin en todo cuanto hagas y emprendas.

ENTRE CAUCES

Te invito a buscar en Internet las historias de vida de los fundadores de las empresas que mencioné. Verás que todos tuvieron la oportunidad de ser inconstantes, pero perseveraron.

También te invito a leer el libro de los Hechos, en el Nuevo Testamento, donde se registra el inicio de la Iglesia de Jesús, pero también se relatan las persecuciones de los primeros cristianos. Te sorprenderá el nivel de constancia y perseverancia.

_____

_____

_____

_____

_____

_____

"MI ESTABILIZADOR EN LA VIDA HA
SIDO LA PRUDENCIA."

Día 27

LA IMPRUDENCIA

NI TAN LEJOS, NI TAN CERCA

Con sabiduría se edificará la casa,
Y con prudencia se afirmará; Y con ciencia se llenarán las
cámaras De todo bien preciado y agradable.
—Proverbios 24: 3-4

Estábamos viendo el debate entre los tres presidentes de los partidos políticos más importantes de México. Claramente se veía que el más joven iba a ganar, porque dominaba la mayoría de los temas y traía datos muy contundentes. Por otro lado, estaba un hombre de gran trayectoria política, pero el joven contendiente le terminó ganando. Aunque ya todos sabíamos que había sido mejor, sin embargo, el joven continuó su golpeteo, siguió con dureza sobre los demás líderes políticos. Aquello fue una paliza.

¿Era necesario tanto? ¡No! Si ya habías ganado, ¿por qué continuar para exhibirlos y dejarlos mal en cadena nacional? Recuerdo que mi exjefe comentó: "Este joven no sabe el problema en que se ha metido". Efectivamente, ese día ganó; pero después perdió. Habría sido suficiente con haber ganado, pero abusó. Su actitud se podría describir en una sola palabra: *imprudencia*.

La imprudencia destruye amistades, relaciones laborales, familiares y hasta sueños personales. Reconozco que siendo más joven cometí imprudencias que me costaron amistades y seguramente logros. Pero al paso del tiempo, he aprendido que la prudencia es el mejor aliado. Uno de mis proverbios favoritos sobre el tema es el 24, versos 3 y 4, porque es fenomenal para hablar de la prudencia. En unas cuantas palabras nos enseña tres principios clave para la vida:

+ La sabiduría ayuda a construir.
+ La ciencia o conocimiento da resultados.
+ La prudencia estabiliza.

La imprudencia destruye amistades, relaciones laborales, familiares y hasta sueños personales.

El estabilizador en mi vida ha sido la prudencia, que nos dice cuándo arriesgar y cuándo esperar. Es muy importante ir por grandes cosas en la vida y los mejores resultados, pero si no existe un estabilizador verdadero, tarde o temprano todo podría derrumbarse. Michelle se ríe cada vez que le menciono la siguiente frase: "Ni tan lejos, ni tan cerca" (eso lo aprendí de la política), que significa que no puedes siempre aventurarte, ir con todo, sin un poco de prudencia. En ocasiones es mejor esperar. No siempre tan cerca de alguien, pero tampoco tan lejos. Cuestión de prudencia.

Me ha tocado, en algunas ocasiones, lidiar con gente necia que no quiere escuchar consejo. Mi esposa, de repente, ha querido marcarles y decirles sus verdades, pero no es necesario porque, le he dicho a mi esposa, los imprudentes se topan solos con una pared, y desafortunadamente las consecuencias no las podrán evitar.

> *El prudente ve el peligro y lo evita; el inexperto sigue ade-lante y sufre las consecuencias.*   (Proverbios 22:3, NVI)

Siempre la juventud será un arma de dos filos. Por un lado, tendrás la energía y la fuerza para emprender proyectos y ejecutar ideas, pero al mismo tiempo la imprudencia te estará coqueteando para cometer errores. Este proverbio me encanta, porque más allá de una edad, nos está hablando de experiencias, es decir, un inexperto no es aquel que no ha experimentado ciertas cosas, sino quien no ha aprendido de las experiencias. Eso me pasó a mí; fui asimilando de mis experiencias aquello que debía cambiar o corregir.

La prudencia es aprender de los errores para así balancear tus decisiones. Además de aprender de tus experiencias y errores, escucha a los que ya cayeron, pero se volvieron a levantar. Habrá mucho que aprender de ellos. Esta pandemia vino a ser una prueba de prudencia e imprudencia; de diligencia y negligencia; de paciencia e impaciencia.

> **La prudencia es aprender de los errores para así balancear tus decisiones.**

LA PRUDENCIA, MI GRAN MAESTRO

+ La prudencia me ha ayudado a saber cuándo callar, y cuándo hablar.

+ La prudencia me ha enseñado a estar cerca de la gente valiosa, y a alejarme de los que me dañan.

+ La prudencia me adiestró para saber cuál es el territorio donde puedo ganar, y cuál no me corresponde.

+ La prudencia me ha ayudado a escuchar a hombres sabios y a cerrar mis oídos a las voces negativas.

+ La prudencia me enseñó cuándo trabajar y cuándo descansar.

Existe un principio, el de la *tensión*, que saca de nosotros los mejores resultados. Mientras escribía este capítulo, relacioné el principio de la tensión con el de la prudencia. *La prudencia es un punto medio de dos fuerzas que siempre van a estar presentes.* Por un lado, la fuerza que te dirá "hazlo", por el otro, la fuerza que te dirá "no lo hagas"; ambas son necesarias para tomar buenas decisiones. *La prudencia no significa ausencia de crisis, sino que en medio del punto de tensión puedes demostrar cuán prudente eres frente a la crisis.*

El Dr. Chand describe de forma fascinante este principio en la vida de Jesús en su libro *Liderazgo acelerado*: "La mayoría de las personas en nuestra cultura piensan que la paz es la ausencia de tensión; la paz de Jesús es confianza en la presencia, cuidado y llamado de Dios en medio de la tensión". ¡Uff! ¡Buenísimo! En medio de la crisis puedo elegir la prudencia, la confianza en Dios.

He reflexionado mucho sobre el Salmo 1 en días recientes, porque parece que es una gran lección de prudencia.

Bienaventurado el varón que no anduvo en consejo de malos,
Ni estuvo en camino de pecadores,
Ni en silla de escarnecedores se ha sentado;

Sino que en la ley de Jehová está su delicia,
Y en su ley medita de día y de noche.

Será como árbol plantado junto a corrientes de aguas,
Que da su fruto en su tiempo,
Y su hoja no cae;
Y todo lo que hace, prosperará.   (Salmo 1:1-3)

Aquí se menciona que vamos a ser triplemente bendecidos, esto es, bienaventurados, si antes logramos contestar y elegir bien estas tres preguntas:

* ¿A quién escucho? (consejo de malos)

* ¿Con quién camino? (pecadores)

* ¿Dónde me siento? (silla de escarnecedores)

La prudencia te va a ayudar a responder correctamente, a elegir mejor. Hace unos meses, durante un seminario empresarial, utilicé precisamente este salmo en mi conferencia. Específicamente les hablé sobre la afirmación del versículo tres: *"todo lo que hace prosperará"*; y pregunté: "¿Cuántos quieren que su negocio prospere?". Por supuesto, el cien por ciento levantó su mano. Entonces, si así lo quieres, tienes que enfocarte en estas tres preguntas y responderlas con la prudencia como bandera.

Si tengo comidas con corruptos, convivo con ellos, mi negocio un día caerá en corrupción. Si camino con gente que hace el mal, un día mi empresa hará el mal. Si escucho consejos malos, un día mi empresa andará en esas ideas y estrategias.

Este principio aplica tanto para la vida como para la empresa, o negocio, y la familia; en cada área de la vida somos probados para elegir bien. De ahora en adelante, antes de publicar cualquier cosa en redes sociales, o de entablar extrañas conversaciones o relaciones, o ser muy suelto en tu actuar, recuerda el Salmo uno y respóndete:

- ✦ ¿A quién escucho? (consejo de malos)
- ✦ ¿Con quién camino? (pecadores)
- ✦ ¿Dónde me siento? (silla de escarnecedores)

ENTRE CAUCES

La imprudencia también está relacionada con el niño tirado en el supermercado haciendo berrinche; con el borracho que se siente muy valiente y lastima a otros en un fatal accidente; con el chistoso de la fiesta que cuenta un mal chiste; con el hijo que hace preguntas en público que no debe hacer; y con muchos otros personajes.

+ ¿Qué sabor de boca nos deja el imprudente?

+ ¿Qué sabiduría en su hablar o actuar demuestra?

+ ¿Es agradable convivir con un imprudente?

Si tus respuestas son negativas, vuelve a estudiar de nuevo los Salmos y Proverbios mencionados, y cambia los pensamientos y actitudes que debes cambiar.

_____

_____

_____

_____

_____

_____

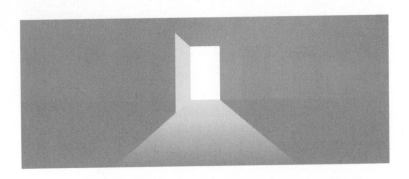

"LOS LÍDERES CON CONGRUENCIA
ENTRE PENSAMIENTO, PALABRA Y
ACCIÓN SERÁN SECUNDADOS."

Día 28

LA GRAN INCÓGNITA

¿TIENES A UN LÍDER COMO INSPIRACIÓN?

*Respondieron a Josué, diciendo: Nosotros haremos todas
las cosas que nos has mandado, e iremos adondequiera
que nos mandes. De la manera que obedecimos a Moisés
en todas las cosas, así te obedeceremos a ti; solamente que
Jehová tu Dios esté contigo...*
—Josué 1:16-17

No veo lista a la cantera de mi país. Nos hemos enfocado tanto
en el presente que hemos olvidado el futuro. El sistema actual
pronto no soportará más de lo mismo, por tanto, habrá una búsqueda de liderazgos auténticos y diferentes.

Se creía que el presidente Enrique Peña Nieto representa-
ría el surgimiento de una nueva generación de políticos y líderes sociales, se tuvo esperanza en ellos, se pensaba que habían
renovado las bases de su partido para empezar una nueva etapa;
pero no fue así. Y no es algo contra él, aclaro que respeto a cada

gobernante; me refiero al surgimiento de una nueva era de líderes que se estaba anunciando y que nunca llegó.

La derecha, caracterizada muchas veces por impulsar a los más jóvenes, logró lanzar a Ricardo Anaya como uno de los políticos más jóvenes en la última campaña presidencial. Pero aquel joven con una gran habilidad para hablar en público, que mostraba inteligencia y capacidad, desapareció después de la campaña. ¿Resurgirá? Tal vez.

La izquierda, por su parte, durante tres campañas presidenciales consecutivas lanzó al mismo candidato a la presidencia, a quien es hoy nuestro residente, el licenciado Andrés Manuel López Obrador. Y me pregunto, ¿no había otros liderazgos? ¿Por qué durante 18 años del mismo discurso lanzan al mismo candidato? Y no estoy poniendo en duda a AMLO, cuya trayectoria y persistencia es admirable, sino a un sistema que no permite el surgimiento de nuevos líderes.

Tuve la oportunidad de conocer a quien fuera el presidente de la Fundación Colosio, Adrián Gallardo, colega y economista también por el Instituto Tecnológico y de Estudios Superiores de Monterrey (ITESM). Siendo Jorge Dávila (mi exjefe) presidente de todas las cámaras de Comercio del país, en 2012 logró ser diputado federal, y bajo su mando colaboré con Adrián Gallardo (justo a pocas semanas de la campaña presidencial de 2012) en un proyecto en el que nos pidieron coordinar un documento que sería parte de las propuestas del próximo candidato del PRI a la presidencia de la República, Enrique Peña Nieto.

Se logró concretar un documento con más de doce propuestas económicas, las cuales se enfocaban justamente en diversificar nuestra economía, fortalecer el mercado interno y la competitividad, incrementar la productividad, impulsar a las

MiPymes (micro, pequeñas y medianas empresas), fomentar la innovación y el desarrollo, así como el capital humano, entre otras cosas más.

El haber trabajado en este proyecto me permitió conocer un poco más al otrora candidato Colosio, y de paso me di a la tarea de leer un libro que describe muy bien quién era él. Justamente a Adrián Gallardo le tocaría escribir un capítulo sobre Luis Donaldo, y algo que llamó mucho mi atención de su texto fueron las siguientes preguntas que plasmó:

"¿Cómo nutrir y refrescar la política con personas genuinamente comprometidas con el interés general en un medio en el que, con frecuencia, impera el acomodo de intereses, las visiones de corto plazo y las agendas parciales? ¿Cómo lograr que hombres y mujeres con sólida formación ética, técnica y política asuman responsabilidades públicas cuando la calificación ciudadana hacia los políticos aleja a muchos de los mejores talentos? ¿Cómo despertar en las nuevas generaciones una auténtica vocación por la política, entendida como misión de servicio y no como oportunidad de negocio, entendida como responsabilidad para transformar la realidad y no como medio para preservar privilegios de unos cuantos?".[13]

Las preguntas de Gallardo son cuestionamientos reales que hasta hoy siguen sin respuesta. Es más, pareciera que es imposible responderlas con el presente que nos está tocando presenciar. Gallardo le llamó a este capítulo "Colosio como inspiración". Claramente se notaba que aquel político era un líder que inspiraba a muchos sectores de la población y que generó una

---

13. Colosio, *El futuro que no fue*, Editorial Proceso, 1 de enero de 2013.

esperanza para México. ¿Habría hecho aquello que inspiraba en caso de haber ganado la presidencia? No lo sabremos; pero sí vimos en Colosio una puerta diferente. Me pregunto hoy día: ¿hay líderes que nos inspiran?

Si acaso viene uno a tu mente, lo más probable es que hayas pensado primordialmente en los rasgos del *carácter* más que en sus credenciales académicas o en su conducta. El carácter es el conjunto de cualidades o rasgos que hacen de una persona lo que realmente es. La opinión que otros tienen de alguien se llama *reputación*; pero carácter es lo que realmente se es.

> **El carácter determina cuán lejos puedes ir, por cuánto tiempo te mantendrás y cuántos irán contigo.**

Esto me lleva a la siguiente pregunta: ¿cuáles son tus valores y convicciones? Si tu carácter se conforma precisamente por valores y convicciones, entonces podrás inspirar a otros. Si no hay convicciones y valores no hay carácter, así que no inspirarás a nadie y serás uno más. El carácter determina cuán lejos puedes ir, por cuánto tiempo te mantendrás y cuántos irán contigo.

Nuestro país no necesita más *influencers* de YouTube con discursos motivacionales frágiles. México espera y necesita líderes con convicciones sólidas y de acciones concretas; líderes que tengan la capacidad del diálogo y la conciliación, que amen el servicio público; reformadores y no rupturistas; líderes que tengan congruencia entre pensamiento, palabra y acción. A nuestro país no lo van a cambiar las personas con un millón de reproducciones en Facebook o YouTube; México cambiará por líderes con un millón de acciones que generen cambios sustanciales.

Aclaro, ¡me encantan las redes sociales!, pues creo que son una gran herramienta, pero no podemos pensar que serán esos los medios para generar cambios profundos. No, el verdadero liderazgo está en la trinchera de combate, no en la pantalla. Se requieren líderes que metan las manos en el campo de acción.

Estos mismos terrenos se pisan en la Iglesia de Cristo en estos momentos, por ejemplo; camina aún con muchos tabúes sobre su participación en la política. Cuando en 2009 fui candidato a diputado local para la Asamblea Legislativa, me dieron duro desde varios sectores de la Iglesia. Qué decir cuando mi mamá fue diputada; algunos hermanos nos abandonaron.

Mucho del liderazgo entre cristianos, sean adultos o jóvenes, ven muy mal que la Iglesia se involucre y sea influencia en asuntos públicos del país. Entiendo, por supuesto, que no a todos les toca estar ahí. Algunos van a influir en las artes, otros en el deporte, muchos en los medios de comunicación, pero también se necesitan líderes donde se toman las decisiones para el futuro de México.

Gran porcentaje de las generaciones que vienen empujando con fuerza, sean *millennials* o Generación Z, vienen con un gen emprendedor y con ruta hacia el sector privado, pero con un descontento hacia la vida pública. Están totalmente desconectados de los asuntos de gobierno y políticos de nuestro país y ¡ambas generaciones serán los próximos líderes! ¿No te preocupa esto?

Por tanto, aplaudo iniciativas como la creación del primer Instituto Cristiano de Formación para la Vida Pública con sede en Washington, que es el primer instituto de formación de políticos con valores y principios cristianos. Me honra haber sido elegido como consejero de México en este instituto, y creo que como esta iniciativa se requieren muchas más.

Me anima ver grupos y líderes latinoamericanos buscando alternativas y estrategias para poder influir correctamente en nuestra sociedad. Me congratula ver a hombres y mujeres con valores y principios en posiciones estratégicas del gobierno, y se necesitan más. Así que hago un llamado a las nuevas generaciones, a los próximos líderes sociales, empresariales y políticos de nuestro país: ¡Urge una nueva cantera de líderes! Tengo mucha esperanza de que esos líderes ya están, y que lo único que ha faltado es interconectarnos.

Liderazgo es:

+ Personas más que proyectos.

+ Movimiento más que mantenimiento.

+ Intuición más que fórmula.

+ Acción más que reacción.

+ Relación más que reglas.

+ Visión más que procedimiento.

Si te reconoces ante estas descripciones de lo que es un líder, ¡tú eres uno! Únete a otros líderes para cambiar el futuro, porque vamos a necesitar un ejército de líderes como los que presenta la Biblia: Nehemías, Esther, Daniel, José, Josué y David. ¿Te imaginas a todos ellos juntos frente al siglo XXI que estamos enfrentando?

¿Crees que los hubiera detenido un virus? ¿Consideras que el sistema seguiría igual? Yo creo que no, seguramente ya hubieran actuado para transformarlo. Mi esperanza es que sí lleguemos a tener juntos a una nueva generación de líderes como ellos, y espero poder verlos con mis propios ojos.

Si tuviera que definir con una sola palabra a los líderes sería "visionarios", porque los líderes siempre van hacia adelante, hacia un lugar, con un propósito. México necesita un rumbo claro; México necesita líderes.

ENTRE CAUCES

Lee los siguientes libros de la Biblia en el Antiguo Testamento y reflexiona, saca tus propias conclusiones y principios de liderazgo de la vida de estos grandes personajes de la Biblia:

Nehemías: Libro de Nehemías

Ester: Libro de Ester

Daniel: Libro de Daniel

José: Génesis 37-45

Josué: Libro de Josué

David: 1 Samuel; 2 Samuel; 1 Reyes 1 y 2

_____

_____

_____

_____

_____

_____

"TODA RELACIÓN SIN VERDADERA

RECIPROCIDAD, MORIRÁ."

Día 29

SIN CONTRATO

LA CONVICCIÓN DE SER AQUELLO A LO QUE TE HAS COMPROMETIDO

*Más vale ser paciente que valiente; más vale vencerse uno
mismo que conquistar ciudades.*
—Proverbios 16:32, DHH

Se aproximaba uno de los mejores días de mi vida, parecía un sueño de película a punto de hacerse una realidad. Hoy que han pasado ocho años de ese día, no tengo ni tantito que reprochar de lo que vivimos; fue simplemente perfecto. El lugar se veía hermoso; un día antes habíamos ido a cenar con mis papás, y desde aquel restaurante lográbamos ver el muelle listo; se hacían las pruebas de iluminación, se veía increíble… en fin, no podía pedir más.

Los invitados estaban listos, mis mejores amigos al lado mío; colegas y empresarios de mi trabajo habían sido muy generosos con nosotros; nuestros padres ¡superfelices y emocionados! Disfrutamos tanto ese día, desde las fotos, el baile, el brindis, las risas, y qué decir de la comida, deliciosa. Seguramente habrás descifrado que te estoy hablando del día de mi boda.

Al presente, la palabra *compromiso* se ha debilitado bastante. Sabemos enumerar las acciones del compromiso, pero no las practicamos. Se firman muchos contratos, pero también demandas por incumplimiento. Uno de los problemas al que más nos enfrentamos cuando damos consejería en la iglesia, es que muchas relaciones no tienen fundamentos sobre los cuales ser edificadas. El fundamento más importante de toda relación es el compromiso.

Sonará a broma, pero fue muy real y es verdad: ¡me di cuenta de que estaba casado cuando Michelle me pidió mi tarjeta de crédito para comprarse ropa! Yo estaba acostumbrado a gastar solo para mí; pero ahora las cosas habían cambiado.

Entendí al paso del tiempo que la palabra compromiso va acompañada de otra: *reciprocidad. Si no hay reciprocidad en una relación, no se está realmente comprometido.* Es imposible entrar en una relación para solamente obtener y no dar. Reciprocidad es hacer algo sin ningún interés de obtener otra cosa de por medio, ya que en el momento que no se recibe lo que se espera, viene una sensación de decepción.

> ## El fundamento más importante de toda relación es el compromiso.

Uno de los principios que rige mi vida es que no me quiero morir sin haber sabido qué hubiera pasado en mi vida si no hubiese sido una persona comprometida. Hay personas que pasan los años y nunca muestran haber dado lo mejor de sí, haberse comprometido con algo y hacerlo con excelencia; puede ser la escuela, el trabajo, la familia, la iglesia, ahora imagina las relaciones.

Siempre están dentro de algo, pero tienen un pie afuera. Basar las relaciones o cualquier acción en la vida tan solo en el talento que se tiene para algo, puede ser un verdadero engaño. El golfista Tiger Woods (y sus infidelidades), el cantante Luis Miguel (y sus irresponsabilidades como padre), entre muchos otros casos, son muestra de que *el engaño del talento mata el compromiso.*

Hoy podrías tú haber construido tu presente y futuro sobre las bases solo de tu talento y habilidades, pero no en un compromiso real. Esto último requiere decisión y muestra madurez. El talento es engañoso si no se consolida con el compromiso. Hay algunas preguntas que me han ayudado a mantenerme siempre comprometido en diferentes áreas de mi vida:

¿CÓMO ESTÁ TU COMPROMISO CON DIOS?

Esto se responde muy fácil con otra pregunta: *¿Así como Él te da, tú le das?* Por lo regular le pedimos demasiado, porque creemos que es un Padre y que su bondad es infinita; pero ponemos condiciones y dudas para darle nuestro tiempo, habilidades y recursos. El amor de Dios hacia nosotros debe ser recíproco.

Jesús le respondió:

—El primer mandamiento, y el más importante, es el que dice así: "Ama a tu Dios con todo lo que piensas y con todo lo que eres".   (Mateo 22:37-38, TLA)

¿CÓMO ESTÁ EL COMPROMISO CON TU FAMILIA?

No puedes amarlos solamente cuando te sientes bien. Amarlos es un compromiso, no un sentimiento que va y viene. Si no amas a tu esposa e hijos en las buenas y en las malas, mejor no te hubieras casado. La Biblia es muy clara sobre la familia; si no la cuidamos estamos negando la fe.

Aquellos que se niegan a cuidar de sus familiares, especialmente los de su propia casa, han negado la fe verdadera y son peores que los incrédulos.   (1 Timoteo 5:8, NTV)

¿CÓMO ESTÁ EL COMPROMISO CON TU IGLESIA LOCAL?

Se ha perdido la reciprocidad en la iglesia. Toda relación que no tenga una verdadera reciprocidad, morirá. En el capítulo "La inconstancia" hablo acerca de la iglesia y de cuán importante es tener una congregación fuerte ante la sociedad, pero esa fuerza somos los miembros que integramos la iglesia, por tanto, la reciprocidad entre hermanos es la esencia del funcionamiento del *cuerpo de Cristo.*

Y este es su mandamiento: Que creamos en el nombre de su Hijo Jesucristo, y nos amemos unos a otros como nos lo ha mandado.   (1 Juan 3:23)

¿CÓMO ESTÁ EL COMPROMISO CON TUS SUEÑOS?

No puedes pedir que otros crean y aun inviertan en tus sueños, si tú no has hecho algo por ellos. No he visto a nadie cumplir un sueño sin antes haber dado lo mejor por él. El siguiente proverbio habla de la importancia de primero conquistarse a uno mismo antes de ir en pos de otras victorias. Muchos solo están esperando que otros les resuelvan sus proyectos o sus ideas, casi que realicen un sueño que ni siquiera es de ellos. Esto no es posible. Un sueño tiene dueño, por lo tanto, el tal debe hacerlo suyo primero para poder avanzar. Digámoslo de otra manera: *comprométete con tu casa y después con tu ciudad.*

Más vale ser paciente que valiente; más vale vencerse uno mismo que conquistar ciudades. (Proverbios 16:32, DHH)

> **Un sueño tiene dueño, por lo tanto, el tal debe hacerlo suyo primero para poder avanzar.**

Sin duda, el compromiso traerá bendición en las áreas más importantes de tu vida. Mira esto en la vida de Abraham:

Y dijo: Por mí mismo he jurado, dice Jehová, que por cuanto has hecho esto, y no me has rehusado tu hijo, tu único hijo; de cierto te bendeciré, y multiplicaré tu descendencia como las estrellas del cielo y como la arena que está a la orilla del mar; y tu descendencia poseerá las puertas de sus enemigos. (Génesis 22:16-17)

Dios ama y honra a aquellos que están comprometidos y han firmado ante Él, no en papel, sino en su corazón. ¡Abraham no se negó a entregar a su hijo! ¡Qué gran compromiso de fe tenía con Dios! Y Dios lo bendijo, no solamente a Él sino a sus generaciones. Nadie que se compromete con Dios se queda esperando la bendición, al contrario, será sorprendido en gran manera.

Aquel día inolvidable de la boda quedó marcado en mí con una sola palabra: compromiso. La diferencia sustancial entre una pareja que decide casarse y otra solo juntarse, es el compromiso profundo que se hace "por el resto de mi vida". Eso era lo que yo le estaba diciendo a Michelle públicamente. El amor real es el compromiso verdadero, no simulado o "mientras tanto".

En nuestra iglesia hemos hecho un cambio fundamental en la ceremonia de los votos: más allá de decir unas prometedoras palabras preparadas con anterioridad, se les pide que en ese momento los contrayentes expresen "al natural" su compromiso personal. Así que esos segmentos cíclicos e interminables que versan "en las buenas y en las malas, en salud y en enfermedad, en la riqueza y en la pobreza" es una forma de expresar que quien se casa no está firmando y afirmando públicamente un mero contrato que puede tener caducidad, sino comprometiéndose "para siempre".

Hay áreas de tu vida que no deben tener contrato. Los contratos, por definición, son acuerdos por un tiempo determinado, lo que en los negocios brinda certeza a ambas partes. Pero en el matrimonio esto no aplica, en la relación con los hijos, tampoco en la vida con la iglesia y mucho menos en la relación con Dios.

En estas y otras esferas las acciones no tienen tiempo de terminación. Se harán para siempre o no se harán. Si no se piensa en vivir bajo este principio por el resto de la vida, nadie tendrá certeza. El amor y el servicio a tu familia y a Dios no tienen cláusulas. ¿Habrá diferencias en algún momento de la vida del compromiso?

Por supuesto, por tanto, el compromiso matrimonial, como cualquier compromiso que se haga, va más allá de una mera firma sobre un contrato civil, es más profundo que eso; *es la convicción personal y delante del Señor de siempre ser dentro de ese compromiso lo que se ha prometido ser o hacer.*

Gracias, Michelle, porque has cumplido como un gran pilar que sostiene mi vida, sin condiciones, y porque dejaste todo por seguirme en amor. La firma estampada desde que supe que eras tú, claramente dibuja un *Te amo.*

ENTRE CAUCES

Así como en el matrimonio, el compromiso ante cualquier cosa que se quiera hacer, lograr o alcanzar, requiere que provenga del fondo de tu corazón. Si dependes de las circunstancias, según amanezca cada día será el impulso que tengas para ser o no ser, para hacer o no hacer.

En una columna enumera aquellas cosas que has anhelado o soñado ser o hacer. En otra columna, escribe qué te comprometes a hacer por cada una de ellas. Con esto podrás ver la necesidad de establecer compromisos frente a cada cosa y te servirá de recordatorio cuando desfallezcas.

_____

_____

_____

_____

_____

_____

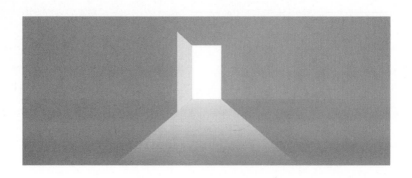

"LOS CAMBIOS EXPERIMENTADOS
POR EL MUNDO
A DIOS NO LO SORPRENDEN,
PORQUE ÉL YA LOS VIO,
INCLUSO LOS INSPIRÓ Y LOS CREÓ."

Día 30

CAMBIAR O MORIR

PUERTAS DEL CAMBIO HACIA EL MUNDO QUE VIENE

Olviden las cosas de antaño; ya no vivan en el pasado.
¡Voy a hacer algo nuevo! Ya está sucediendo,
¿no se dan cuenta? Estoy abriendo un camino en el
desierto, y ríos en lugares desolados.
—Isaías 43:18-19, NVI

Me gustan los cambios. Soy parte de la generación de los *millennials*. Nos tocó crecer con transiciones drásticas como el Internet, el celular, las computadoras y las redes sociales. Somos una generación que se adapta, pero que al mismo tiempo quiere formas nuevas. Este tiempo que vivimos de aislamiento quedará marcado para siempre en la historia, crisis que resultó en cambios profundos y vertiginosos, donde los que tienen que ver con lo tecnológico son realmente catalizadores de nuevas realidades en ámbitos como la educación, el trabajo en casa y aun la convivencia social.

260 *Crisis y oportunidades*

Anteriormente, tomaba entre diez y quince años absorber las tecnologías y contar con leyes necesarias para regularlas. Sin embargo, las nuevas tecnologías se asimilan cada vez más rápido y hoy toma solo días para hacerlo. Ante esto, es imperativo acelerar el paso con el que las empresas, organizaciones y liderazgos se adaptan a dichas tecnologías para mantenerse competitivas.[14] Sin duda, se trata de un desafío mayor. No obstante, la capacidad para superarlo es la que separa a las personas en dos tipos:

1. *Los que se rezagan,* aquellos que se convierten en obsoletos en poco tiempo.

2. *Los que crecen* y contribuyen a impulsar la productividad en un mundo hiperconectado.

El perfil del líder ha cambiado. Anteriormente era suficiente con las habilidades básicas (lectura, escritura y matemáticas) para acceder a un buen empleo y tener una vida considerable. Hoy se requiere más que eso para ganar en el mercado laboral, social y económico del siglo XXI. La Cuarta Revolución Industrial (la digital) está definiendo un nuevo paquete de habilidades que se requieren para competir en el nuevo mundo que estamos viviendo. Este paquete tiene que ver con lo que la OCDE presentó en su estudio llamado "Diagnóstico de la OCDE sobre la estrategia de competencias, destrezas y habilidades de México", que menciona que las nuevas competencias se han convertido en el factor clave para lograr el bienestar individual y el éxito económico de una sociedad. Plantea una serie de acciones para reformar el modelo educativo, social y económico.

---

14. Thomas L. Friedman, *Thank You for Being Late: An Optimist's Guide to Thriving in the Age of Accelerations* [Gracias por llegar tarde: una guía optimista para prosperar en la era de las aceleraciones] (Kindle Edition), Farrar Straus & Giroux, 2016.

Constituye un primer paso para cambiar el esquema educativo tradicional basado en el número de años de educación formal y títulos o diplomas logrados, a una perspectiva más amplia que incluye la adquisición constante de diferentes habilidades técnicas y sociales, a lo largo de toda la vida. *Ya no es suficiente un título universitario. Se requieren más habilidades como trabajo en equipo, colaboración, creatividad, innovación tecnológica y, sobre todo, liderazgo.*

Estos cambios no excluyen a ninguna organización. Todos en cierta forma estamos siendo empujados al cambio e innovación. Y, por supuesto, esto incluye a la Iglesia de Cristo. Puede que se escuche duro, pero iglesias que no se adapten al cambio, morirán en los próximos meses y años.

Recuerdo que ya habíamos realizado tres veces la conferencia *Makers* en la Arena Ciudad de México. Fue impresionante sentir y escuchar a toda la gente, algo que erizaba la piel. Estábamos en los albores de 2019 y todos pensaban que íbamos a ir una vez más a la Arena; sin embargo, consideré que era momento de cambiar el formato. Mi argumento era que había muchas personas que venían de otras ciudades de nuestro país y se les complicaba demasiado viajar, lo que representaba un gasto fuerte de tiempo y dinero.

De igual manera, el formato de conferencias masivas estaba en declive; ya éramos muy pocas las que se hacían así, en grande. Así que era momento de cambiar. Como iglesia, RÍO Poderoso desde hace tres años viene trabajando con sedes en cines, y habíamos visto que a la gente le agradaba la idea de hacer iglesia en los cines.

Así es que la propuesta fue ¡llevar *Makers* a la pantalla grande!; transmitir simultáneamente a todos los cines sede de

México. Esto nos permitiría llegar a más personas, el gasto sería menor tanto para nosotros como para los asistentes, justo los dos objetivos que por lo regular se persiguen en todo evento: mayor audiencia, menor costo.

El cambio no fue tan fácil, principalmente porque la gente estaba acostumbrada a ver físicamente al conferencista y cantar en vivo. Sin embargo, nosotros argumentábamos que la experiencia iba a ser igual, incluso mejor. Recuerdo que, platicando con un empresario, su hija me dijo con sarcasmo: "Pero. ¿quién va a pagar por ver a alguien en pantalla?".

Ahora, agradezco a todo el equipo y liderazgo de RÍO por apoyar este cambio que ya es una realidad. La cadena de cines nos mencionó que, aunque era algo que ya se había hecho con otras organizaciones, íbamos a ser la primera en el ramo cristiano que realizaría su conferencia así.

Todo avanzó muy bien, los conferencistas listos, la venta de boletos ya había superado las entradas en la Arena. Al inicio del proyecto habíamos pensado en solamente 50 salas; al final, fueron 167 salas, con lo que llegamos a más de 60 ciudades. Llegó el día del evento y todo marchaba muy bien.

Sin embargo, el primer día cayó una tormenta terrible que nos afectó la señal. El segundo día se reforzó la señal de las antenas y el evento salió increíble. Aprendimos que cuando cambias, hay un riesgo que debes correr; en nuestro caso fue la transmisión de la señal. Aunque al final se solucionó, afectó un poco nuestro magno evento.

Cuando nos reunimos para hacer la evaluación de la conferencia, los resultados superaron nuestras expectativas. En aquel tiempo nos preparamos como iglesia para transmitir en vivo, luces, pantalla y cámaras. Seis meses después, la iglesia sería en pantalla ¡pero la de tu casa! Si no nos hubiéramos atrevido a cambiar el formato de nuestra conferencia, hoy lo estaría lamentando.

Siempre habrá voces que querrán detener el cambio, pero prefiero cambiar a ser obsoleto. Creo firmemente que está en la naturaleza del Creador ser innovador y creativo. Leí un estudio que dice que la gente que ha realizado las innovaciones científicas reconoce que en algún momento de la investigación hubo una inspiración divina. Los cambios que experimentamos en el mundo, a Dios no le dan miedo, porque Él ya los vio, incluso los inspiró y los creó.

Así que no creo que Él esté nervioso en el cielo o preocupado por los avances que la tecnología ha tenido recientemente. A esto es lo que se refiere el pasaje de Isaías 43, versos 18 y 19, que se escribió cientos de años antes de la venida de Jesús. Si lo lees, te darás cuenta de que ¡el primero que nos invita al cambio es Dios!

> *Olviden las cosas de antaño;*
> *ya no vivan en el pasado.*
> *¡Voy a hacer algo nuevo!*
> *Ya está sucediendo, ¿no se dan cuenta?*
> *Estoy abriendo un camino en el desierto,*
> *y ríos en lugares desolados.*
> (Isaías 43:18-19, NVI)

Nos dice que olvidemos las cosas de antaño. *Las cosas de antaño son aquellas estrategias o métodos que funcionaron en el pasado, pero que hoy ya no.* No significa que estén mal, simplemente que para este tiempo ya no funcionan, se han hecho obsoletas. Me encanta este pasaje, porque nos toma por sorpresa. No nos dice que va a hacer algo nuevo, sino más bien que ya lo está haciendo. ¿No ves parecido a lo que estamos viviendo?

Lo nuevo comenzó sin que nos consultaran, pues así es Dios. Cuando Él quiere hacer algo en nosotros no nos avisará, simplemente lo hará. Un nuevo matrimonio, una nueva familia, un nuevo negocio, una nueva casa, una nueva idea. ¡Así es Él, hace cosas nuevas! *Y lo mejor es que lo hace en aquello que parece imposible; en medio de los desiertos y de lo desolado, ahí es donde Él obra.*

Mientras el propósito se cumpla, haz los cambios necesarios para alcanzarlo.

Es tiempo de cambiar. Seguramente hay cosas que en el pasado funcionaron para tu familia o matrimonio, pero hoy quizá ya no. Tal vez tu negocio o empresa requiera innovación. Vamos, ¡hazlo!

¿En tu liderazgo te sientes estancado? Si en otro tiempo lograste tener éxito, pero hoy ya no, no te desanimes, probablemente solo tengas que cambiar los métodos y entonces resurgirás. Mientras el propósito se cumpla, haz los cambios necesarios para alcanzarlo. Hoy, los tiempos lo exigen. Las puertas del cambio están abiertas para el mundo que viene.

ENTRE CAUCES

Analiza tu antes y después de la pandemia del COVID-19, a manera de contraste, para que puedas realizar los cambios necesarios ante la realidad que ya está a la puerta. Puedes hacerlo en tres columnas, dos que contrasten el *Antes y Después*. El antes es cómo eras, vivías y hacías, el después es cómo deberás ser, vivir y hacer de ahora en adelante. Y la tercera será *¿Cómo y cuándo?*, donde deberás anotar tu estrategia para que puedas hacer los cambios, así como la fecha en la que te comprometes a hacerlo.

Te deseo lo mejor. Frente a las *Crisis*, abre las puertas hacia las *Oportunidades*.

_____

_____

_____

_____

_____

_____

¿QUÉ SIGUE?

Nuestra generación quedará marcada en los anales de la historia.

¿Qué sigue después de esta difícil crisis mundial? Cada uno puede decidir qué sigue; yo veo oportunidades. ¿Y tú? Mi deseo con estos 30 días de lectura es que tú también las veas y abras nuevos cauces, porque este mundo necesitará muchos líderes, personas con carácter para enfrentar lo que viene y dar confianza a otros, que sean empáticos con las necesidades.

Habrá muchas oportunidades, créeme, por lo que se requerirán hombres y mujeres de excelencia; pero a la vez sencillos y humildes. Jóvenes atrevidos, pero prudentes. Padres de familia que corrijan y amen al mismo tiempo. Cristianos con menos discursos y más acción. Empresarios arrojados, pero honestos. Iglesias innovadoras, con un corazón lleno de amor a las familias. La sociedad pedirá a gritos líderes de convicciones firmes para abrir cauces ante la exigencia de nuevas realidades que están ya a la puerta.

Sí, soy un soñador; pero esos sueños me han llevado a vivir las mejores experiencias de mi vida. ¡No dejes de soñar;

reinvéntate y crea nuevas oportunidades! Termino de escribir con la esperanza de que al menos una palabra mía te toque y marque para seguir adelante; que siembre algo diferente y único en ti. Escribí para despertar tu potencial.

No te des por vencido, levántate una vez más. Nuestros años están contados, por tanto, no desperdicies tu tiempo en cosas irrelevantes. Toca y abre puertas hacia lo trascendente. Donde quiera que sea tu campo de acción, ahí sé el mejor. No hagas caso de las circunstancias y opiniones negativas, conviértelas en oportunidades. Perdona y ama, vivirás libre y mejor.

Permíteme seguir teniendo el honor de saber de ti. Búscame en mis redes sociales, estaré deseoso de saber qué nuevos cauces y puertas se han abierto en tu vida después del COVID-19. Todos tendremos nuevos horizontes de vida. Déjame seguirte y conocer qué está haciendo Dios contigo. Estaremos en el mismo campo de batalla. Dios estará con nosotros. Sé que pelearás una buena batalla. Entramos y estamos en una crisis; abramos las puertas de las oportunidades; horadaremos nuevos cauces.

Con mucho cariño, Efrén Ruiz A.

ACERCA DEL AUTOR

Efrén Ruiz Arregui es licenciado en Economía, con maestría en Administración Pública y Políticas Públicas, ambos grados por el Tecnológico de Estudios Superiores de Monterrey. Joven empresario mexicano, cuya visión se ha nutrido de diversas experiencias, siendo en dos ocasiones representante de la Juventud Latinoamericana en la Comisión de Desarrollo Social de la ONU, a través de la Organización Mundial de Jóvenes (*World Youth Alliance*).

Ha recibido capacitación en diversos cursos, como *Mexico's Energy Future* por la JF Kennedy School of Government de la Universidad de Harvard, e Inteligencia Cambiaria por Harbor Intelligence.

Su trayectoria profesional incluye participación en gobierno. Durante las elecciones de 2009 participó como candidato a Diputado Local para la Asamblea Legislativa. Contribuyó en la elaboración de las principales propuestas del sector empresarial para el foro económico más relevante, el G-20, organizado por la Presidencia de México.

Fue secretario particular del presidente de la Confederación de Cámaras Nacionales de Comercio, Servicios y Turismo, organización que representa a más de 650.000 empresas en todo México. Formó parte del equipo del C. Secretario de Economía del Gobierno Federal durante el periodo 2016 - 2018.

Forma parte del liderazgo de la Iglesia RÍO Poderoso, que tiene más de trece sedes en la República Mexicana. Es presidente de la Fundación Restauración Integral Oportuna A.C. y conferencista en congresos y foros nacionales e internacionales. *Crisis y Oportunidades* es su primer libro.

Contacte al autor a través de:

Facebook y YouTube: Efrén Ruiz, Jr.

Instagram y twitter: @ruizefren

Facebook y YouTube: **Efrén Ruiz Jr.**

Instagram y twitter: **@ruizefren**